Nice 영문독해
기초다지기

Nice 영문독해
기초다지기

저 자 FL4U컨텐츠
발행인 고본화
발 행 반석출판사
2025년 6월 20일 초판 1쇄 인쇄
2025년 6월 25일 초판 1쇄 발행
홈페이지 www.bansok.co.kr
이메일 bansok@bansok.co.kr
블로그 blog.naver.com/bansokbooks

07547 서울시 강서구 양천로 583. B동 1007호
　　　(서울시 강서구 염창동 240-21번지 우림블루나인 비즈니스센터 B동 1007호)
대표전화 02) 2093-3399 **팩 스** 02) 2093-3393
출 판 부 02) 2093-3395 **영업부** 02) 2093-3396
등록번호 제315-2008-000033호

Copyright ⓒ FL4U컨텐츠

ISBN 978-89-7172-110-0(13740)

- 교재 관련 문의: bansok@bansok.co.kr을 이용해 주시기 바랍니다.
- 이 책에 게재된 내용의 일부 또는 전체를 무단으로 복제 및 발췌하는 것을 금합니다.
- 파본 및 잘못된 제품은 구입처에서 교환해 드립니다.

영문독해 시리즈 1

Nice 영문독해

기초다지기

FL4U컨텐츠 저

반석출판사

각종 영어 시험에서 독해가 차지하는 비중은 갈수록 높아지고 있다. 독해 시험의 출제 경향 또한 예전에 비해 상당히 달라졌다. 독해 지문을 통해 단편적인 문법 실력이나 해석 능력, 단순한 이해력을 측정하던 방식에서 탈피하여 종합적인 사고 능력과 분석 능력을 측정하는 방식으로 출제 경향이 바뀌었다. 다시 말해서, 글을 쓴 사람이 주장하는 바를 이해하는지, 글의 구조와 문맥을 이해하는지, 문맥 속에서 어휘를 이해하는지를 묻는 방식으로 독해 시험의 방향이 크게 수정되었다는 것이다.

문제는 독자들로 하여금 이러한 출제 경향에 적절히 대비하도록 해 주는 것인데, 이 책은 이러한 경향을 고려하여 독자들의 다양한 요구에 부응하기 위한 목적으로 쓰였다. 효율적으로 책을 읽기 위해 반드시 알아야 할 실용적인 독해 기법들과 이 기법들을 활용한 연습문제들을 읽고 풀어보는 사이에 독해 시험 출제 경향의 파악은 물론 독해력과 어휘력이 극대화될 것이다.

> **제1부** | 미국, 영국, 호주 등 영어권 학자들과 교사들이 지금까지 연구하고 실험해 온 영어교육 이론과 결과들을 바탕으로 가장 효율적이라고 권장한 독해 기법들을 소개하고 있다.
>
> **제2부** | 이 기법들을 토대로 화제, 화제문 및 중심 사상 찾기, 문맥 및 단락의 연결 관계 이해, 문맥을 바탕으로 한 어휘력의 측정 등을 폭넓게 다루었다.

제1부와 제2부에 실린 지문들은 기존의 문제집이나 각종 시험 등에 사용되지 않은 새로운 내용들을 여러 분야에 걸쳐 다양하게 다루었으며, 문제 사이사이에 독자들이 반드시 이해해야 할 참신한 관용어법을 정확하게 해설해 놓았다. 이 밖에도 1,500개 이상의 동의어와 반의어를 수록하여 어휘력 향상에 크게 도움이 되도록 하였다.

이 책으로 공부하는 모든 독자들이 영문 독해 본래의 학습목표를 이해하고, 아울러 자신이 응시하는 시험에서 좋은 결과를 얻기를 바란다.

차례

I. 독해 기본기 익히기

UNIT 01 독해 기본 개념 바로 알기
- Reading Skill 01 독해력 강화를 위한 몇 가지 사항 14
- Reading Skill 02 독해를 위해 반드시 알아야 할 용어 17

UNIT 02 독해 강화 기법 연습하기
- Reading Skill 01 화제(topic)를 찾는 기법 21
- Reading Skill 02 화제문(topic sentence)을 찾는 기법 22
- Reading Skill 03 단락을 구별하는 기법 24
- Reading Skill 04 중심 사상(main idea)을 찾는 기법 26

II. 독해 실전문제 풀어 보기

UNIT 01 유머
- Reading Test 01 판 것이 없어요 32
- Reading Test 02 월급을 올려 주세요 34
- Reading Test 03 미끼가 없어서 36
- Reading Test 04 아침 3시는 너무 일러요 38
- Reading Test 05 대통령의 유머 감각 40
- Reading Test 06 시키신 대로 했어요 42
- Reading Test 07 젊은 정신병 환자 44
- Reading Test 08 손님은 항상 옳으니까요 46
- Reading Test 09 공산주의는 이제 그만 48
- Reading Test 10 자네만 앞지르면 돼 50

UNIT 02 과학·생태
- Reading Test 11 베링해협 54
- Reading Test 12 생명체의 수명 56
- Reading Test 13 식불과 동물의 공생 58
- Reading Test 14 수분의 승화를 막는 방법 60
- Reading Test 15 딱따구리의 특징 62

Reading Test 16	카멜레온의 생태	64
Reading Test 17	툰드라 지대의 생명체들	66
Reading Test 18	알루미늄의 효용	68
Reading Test 19	과학 발전의 위협	70
Reading Test 20	인식의 황혼 지대	72

UNIT 03 사회

Reading Test 21	행동과 태도 사이의 모순	78
Reading Test 22	인디언 보호 구역	80
Reading Test 23	베트남 선상 난민	82
Reading Test 24	배움과 지혜의 관계	84
Reading Test 25	철학자의 사회 공헌 방법	86
Reading Test 26	활동적 가족의 등장	88
Reading Test 27	미합중국의 시간대(time zones)	90
Reading Test 28	농업 혁명의 영향	92
Reading Test 29	집안이 갑자기 가난해져서	94
Reading Test 30	숙박료가 비싼 서울	96

UNIT 04 언어

Reading Test 31	상형문자의 기원	102
Reading Test 32	언어의 분포	104
Reading Test 33	수화(Sign Language)	106
Reading Test 34	남녀 차별 언어	108
Reading Test 35	영문법 용어들	110
Reading Test 36	영어와 철자법	112
Reading Test 37	한 단어에 두 개의 철자	114
Reading Test 38	파이어니어(Pioneer)	116
Reading Test 39	단어 앞의 h	118
Reading Test 40	단락의 구성	120
Reading Test 41	언어의 구성 요소	122

UNIT 05 환경 · 건강

Reading Test 42	인간과 환경	128
Reading Test 43	타이가 지대의 환경 감시	130
Reading Test 44	흡연 반대운동 1	132

Reading Test 45	흡연 반대운동 2	134
Reading Test 46	갱년기를 극복하는 운동	136
Reading Test 47	비대한 라틴 여성들	138
Reading Test 48	흡연자들의 습관	140
Reading Test 49	자동차와 환경오염	142
Reading Test 50	미국의 전력 수요	144
Reading Test 51	자동차 배기가스	146
Reading Test 52	교통 위기의 해결책	148
Reading Test 53	감귤 껍질의 살균제	150

UNIT 06 교육

Reading Test 54	대학엔 언제든지 갈 수 있다	156
Reading Test 55	당신이 늦잠꾸러기라면	158
Reading Test 56	일자리가 없기 때문에	160
Reading Test 57	대학을 잠시 그만두는 것은	162
Reading Test 58	영국 학생들의 책가방	164
Reading Test 59	대학생과 도서관	166

UNIT 07 교훈

Reading Test 60	마음을 먼저 비우시오	172
Reading Test 61	숫자보다 가치가 우선	174
Reading Test 62	약한 생쥐조차도	176
Reading Test 63	돌다리도 두드려 보고	178
Reading Test 64	떡잎부터 안다	180
Reading Test 65	관리자의 위험	182

UNIT 08 역사

Reading Test 66	스페인의 쇠퇴	186
Reading Test 67	한국 철도의 역사	188
Reading Test 68	아스펜 시의 역사	190
Reading Test 69	한국전쟁	192
Reading Test 70	마틴 루터 킹	194
Reading Test 71	선사 인류와 전쟁	196

UNIT 09 문화

| Reading Test 72 | 기계가 되려는 사람들 | 200 |

Reading Test 73	불의 이용	202
Reading Test 74	선물 전쟁	204
Reading Test 75	금기	206
Reading Test 76	인도의 뱀 마술사들	208

UNIT 10 법·정치

Reading Test 77	법과 자유	212
Reading Test 78	법의 기원	214
Reading Test 79	대만과 ASEAN	216
Reading Test 80	조용한 다수	218
Reading Test 81	보스턴의 공회당	220

UNIT 11 경제·보험

Reading Test 82	건강 보험	224
Reading Test 83	한국 경제의 기적	226
Reading Test 84	사업을 망치기 위한 다섯 가지 방법	228

UNIT 12 광고

Reading Test 85	부고	232
Reading Test 86	우울증을 치료해 드립니다	234
Reading Test 87	카피라이터를 구합니다	236
Reading Test 88	반프 레이크 루이스	238

UNIT 13 예술·스포츠

Reading Test 89	스필버그와 쉰들러 리스트	242
Reading Test 90	조깅을 좋아하는 이유는	244
Reading Test 91	운동의 이용	246
Reading Test 92	미국 예술의 특징	248

UNIT 14 기타

Reading Test 93	날씨가 너무 빨리 따뜻해지면	252
Reading Test 94	치과 의사의 계략	254
Reading Test 95	눈 온 날 아침	256
Reading Test 96	무례한 신문 판매원	258
Reading Test 97	어머니와 오빠	260

Reading Test 98	3킬로미터를 뛰어야 한다면	262
Reading Test 99	우주가 영원하다고 믿는 이유	264
Reading Test 100	독자의 종류	266

Teach Yourself

- beside와 besides의 차이점 ·· 35
- sensible과 sensitive의 차이점 ·· 41
- Punctuation I: comma(,) ··· 63
- Punctuation II: dash(–) ··· 85
- It is + to부정사 구문에 사람의 성격을 나타내는 형용사가 사용될 경우 ········ 89
- 제한절과 비제한절의 차이점 ·· 91
- among과 between의 차이점 ·· 105
- Punctuation III: semicolon(;) ·· 107
- all together와 altogether의 차이점 ···································· 135
- 부사의 위치 I: only ··· 145
- 부사의 위치 II: 부정부사가 문두에 오면 주어와 동사가 도치되는 이유 ········ 159
- 평행구조(parallelism)의 용법 ·· 167
- 한정사(determiner)의 용법 ··· 168
- different from과 different than의 차이점 ························· 203
- every day와 everyday의 차이점 ······································· 207
- 주의해야 할 형용사형 I: –ly가 붙는 형용사들 ························· 213
- Punctuation IV: colon(:) ··· 215
- marry, divorce의 용법 ·· 221
- It is~that + (should) + 동사원형 ····································· 247
- 주의해야 할 형용사형 II: 명사의 형용사형을 추측하기 어려운 형용사 ······ 255
- each other, every other, one another의 차이점 ················ 259
- endemic, epidemic, pandemic의 의미 차이 ······················· 261
- already와 yet의 차이 ·· 267

이 책의 특징

1. 독해 기법의 도입

이 책의 제1부에서는 영문을 효율적으로 읽기 위해 꼭 필요한 독해 기본 개념들과 용어들을 정리했고, 제2부에서는 이 기법들을 실전 문제들을 통해 응용할 수 있도록 종합적인 사고와 분석 능력을 요구하는 문제들을 다양하게 다루었다.

2. 참신하고 폭넓은 지문 사용

기존에 사용되지 않은 참신한 내용의 지문들을 유머, 과학, 언어, 환경 등 여러개 분야에 걸쳐 폭넓게 다루었으며, 각각의 지문이 독자들의 상식과 지식을 넓히는 데도 많은 도움이 된다.

3. 충실한 어휘의 정리

이 책의 제2부에서는 독자들이 필수적으로 알아야 할 1,500개 이상의 동의어와 반의어를 충실하게 정리해 놓았다. 가능한 한 모든 지문에 어휘 문제를 출제하여 독자들의 어휘력 배양에 크게 도움이 되도록 하였다.

4. 문제는 왼쪽 페이지, 해석 및 어휘는 오른쪽 페이지에 배치

본문 왼쪽 페이지는 독해 지문과 실전문제를 실었고, 오른쪽 페이지에는 본문 해석과 어휘를 실었다. 정답과 해설은 각 유닛 뒤에 실어 참조할 수 있도록 함으로써 학습 효율을 높였다.

5. 관용어법과 구두법의 삽입

의미, 철자, 용법 등이 서로 비슷하여 문법책이나 사전을 뒤져도 이해하기 까다로운 단어나 숙어, 구두법 등을 지문과 함께 실었다. 뿐만 아니라 단순한 암기 방법 이상의 설명을 얻을 수 없었던 일부 문법 사항들을 원어민들의 의식구조를 바탕으로 이해하기 쉽게 설명해 놓았다.

이 책의 활용 방법

1. 제1부는 될 수 있는 대로 세 번 이상 정독하여 독해의 개념과 용어들을 정확히 이해하고 반드시 자신의 것으로 소화한다.

2. 각 지문의 문제를 다 풀고 난 다음에는 분문 해석을 참고하여 지문 전체를 다시 한 번 해석해 본다. 또한 정답 및 해설을 반드시 읽고 자신이 답을 추론한 방식과 해설의 추론 방식이 일치하는지 확인해 본다. 일치하지 않는다면 어떤 점에서 차이가 나는지 반드시 확인 이해하도록 한다.

3. 각 지문의 어휘 문제 및 어휘 연구에 정리되어 있는 동의어와 반의어는 될 수 있는 한 그때그때 이해하고 반드시 외우도록 한다. 독해의 기본은 어휘력에서 시작된다는 것을 잊지 않아야 한다.

4. 제2부의 Teach yourself에 나오는 관용어법과 구두법은 적어도 세 번 이상 읽어서 빠짐없이 익혀 두고 새로운 접근법으로 쉽게 설명해 놓은 문법 사항들도 빠트리지 않고 익혀 둔다.

* 이 책은 짧은 시간에 독해의 기초를 정확하게 익히고자 하는 독자들에게 큰 도움이 될 것이다.

PART

Ⅰ

독해 기본기 익히기

UNIT 01 독해 기본 개념 바로 알기
UNIT 02 독해 강화 기법 연습하기

독해 기본 개념 바로 알기

1 독해력 강화를 위한 몇 가지 사항

언어의 네 가지 기능은 말하기(speaking), 듣기(listening), 읽기(reading), 쓰기(writing)로 분류되는데, 여기서 말하기(speaking)와 쓰기(writing)는 표현 기능(productive skills)으로, 듣기(listening)와 읽기(reading)는 이해 기능(receptive skills)으로는 구분할 수 있다.

흔히 영문 독해(讀解; reading comprehension)라고 하면 영어로 된 문장을 읽고 이해하는 것을 의미하지만 그 핵심은 글의 전체적인 맥락을 정확하게 파악하는 것이다. 독해는 어휘(vocabulary) 실력과 문법(grammar) 실력을 통해서 길러지지만 그것만으로는 불충분하다. 여러분도 아시다시피 영문은 우리와 관련된 것일 수도 있지만 대부분 관련 없는 것들이므로 그들의 사회·문화 전반에 걸친 다양한 지식이 뒷받침되어야 하며, 영문 독해의 접근 요령을 익히지 않는다면 생소한 글을 이해하기란 결코 쉽지 않을 것이다.

01 글과 독해력

글을 쓸 때에는 말(speaking)을 할 때보다 더 어려운 어휘를 골라서 사용한다. 문법 구조적인 측면에서는 말이 글보다 더 복잡한 경우가 많지만, 사용된 어휘에서는 글이 말을 압도하는 것이 일반적이다. 왜냐하면 글은 말이긴 하지만 다듬은 말이기 때문이다.

독해력이란 글을 읽고 거기에 담긴 뜻을 이해하는 능력이다. 따라서 독해력을 향상시키기 위해서는 첫째, 기본적인 문법 지식 이외에 어휘력을 늘려야 하며 둘째, 영문을 쓸 때 사용되는 기본적 원리를 알아야 하고 셋째, 다양한 주제에 관한 영문을 많이 읽고 그리고 특히 수험생의 경우에는 글의 중심 사상을 찾아내는 연습을 많이 해 보는 것이 필요하다.

02 글의 기본 단위

글의 가장 기본적인 단위는 단어(word)와 어구(phrase)이다. 이러한 단위들을 짜 맞추어서 문장(sentence)을 만들고, 여러 개의 문장을 조리 있게 연결하여 하나의 단락(paragraph)을 이룬다.

03 해석(interpretation)과 독해(reading comprehension)의 차이

지금까지 우리는 영어 단어들로 빼곡하게 들어찬 영문을 우리말로 옮기는 것이 영문 독해(reading comprehension)라고 여기는 경향이 강한 듯하다. 그러나 이것은 독해(讀解)가 아니라 해석(解釋)이다. 해석은 독해를 위한 기본적 학습의 한 방편일 뿐, 독해 그 자체가 될 수는 없다. 긴 영문을 모두 해석해 놓고도 그 단락의 의미를 알 수 없다면 독해를 제대로 했다고 할 수 없다. 독해는 전체적인 영문의 의미를 파악하는 방법이지, 단지 영문을 번역하는 방법이 아니기 때문이다.

04 영문 독해의 기본 단위

영문 독해의 기본 단위는 주어(S)와 동사(V)가 존재하는 독립된 하나의 문장으로 볼 수 있다. 하지만 독해 시험을 염두에 둘 경우에는, 하나의 단락(paragraph)으로 보는 것이 좋다. 하나의 단락은 여러 개의 문장들로 구성되는 것이 보통이지만, 단 하나의 문장으로 구성될 수도 있고, 경우에 따라서는 한두 개의 단어로 구성될 수도 있다. 그러나 시험을 위한 독해에서는 최소한 2~3개 이상의 문장으로 이루어진 단락을 기본 단위로 생각하자.

05 독해력을 다지기 위해 꼭 필요한 사항들

먼저 독해력을 향상시키기 위해서는 많은 영문을 접하는 것이 우선이다. 여기에는 어휘력과 문법이 전제되어야만 가능하다. 영문 독해는 영작(writing)과 서로 매우 밀접한 관련성을 지니고 있는데 공통적으로 영문 구조를 제대로 파악하지 못한다면 접근이 불가능하다. 우리가 지식을 받아들이는 수단으로써 영문 독해(reading comprehension)가 필요하고, 또한 상대방에게 의사 전달을 함에 있어서 표현 기능(productive skills)으로써 영작(writing)을 통해서 의사소통을 할 수 있기 때문이다.

1. 문법(grammar)은 독해의 기본이다

영문 독해를 위해서 기본적으로 갖추어야 할 가장 중요한 사항들 중의 하나가 문법 실력이다. 그러나 문법이 기본 사항이라고 해서 예전처럼 두꺼운 문법책을 달달 외우는 것이 좋은 학습 방법이라고 할 수는 없다. 정말 필요한 것들은 반드시 익혀야 하지만, 여러분 주변의 많은 문법책들은 지나치게 불필요한 지식까지 담고 있다. 독해를 잘하기 위해 필요한 문법 수준은 중학교 과정에서 배운 정도면 충분하다. 여러분이 중3 수준의 문법 지식을 확실히 갖추고 있다면 그것으로 족하다.

2. 어휘력(vocabulary)이 독해력을 좌우한다

영문 독해를 잘하기 위해서는 무엇보다도 단어 및 숙어의 습득에 노력해야 한다. 어휘력이 부족한 사람에게 직독직해, 직청직해니 속독이니 강조해 봐야 실현 불가능한 공염불이 될 게 뻔하기 때문이다. 가능한 한 많은 어휘를 쓰임새나 활용 차원에서 정확하게 익힐 수 있도록 해야 한다. 특히, 동의어와 반의어는 익혀 두면 영문 독해와 영작에 많은 도움이 될 것이다. 어휘 수를 늘리는 방법에는 왕도(王道)가 없다. 그러나 다음 사항들을 꾸준히 실천한다면 최선의 방법에는 접근할 수 있다. 딱 두 가지만 기억하도록 하자.

첫째, 좋은 사전과 씨름하자. 영영사전을 이용하면 더욱 좋다. 낯선 단어가 나타날 때마다 자연스럽게 손이 사전으로 가야 한다.

둘째, 영문을 많이 읽자. 새로운 단어나 익숙한 단어들을 영문 속에서 끊임없이 반복 습득하는 것이 최선의 방법이다.

3. 가지(branch)를 보지 말고 줄기(trunk)를 보자

영어를 우리말로 옮기고, 영문 속에 들어 있는 자질구레한 정보(information)나 자료를 기억하는 것이 곧 독해력 증진 방법이라는 착각에 빠지지 말자. 이런 사항들은 가지에 불과하다. 독해력이란, 다음 장에서도 자세히 언급하겠지만, 영어 문장들의 뼈대를 파악하면서 글의 중심 사상(main idea)을 파악하는 능력이다. 이를 위해서 각 단락(paragraph)의 화제(topic)를 찾고, 화제문(topic sentence)을 찾는 연습을 꾸준히 해 나가면, 여러분은 영문 독해의 튼튼한 줄기를 찾게 될 것이다.

4. 우리말을 잘해야 영어도 잘한다

영어 잘하는 것 따로, 우리말 잘하는 것 따로라고 생각하는 사람들이 많다. 그러나 사실은 그렇지 않다. 영어를 깊이 공부할수록 우리말과 글을 잘 알아야겠다는 것을 더 절실히 느낄 것이다. 영어든 우리말이든 모든 언어들(languages)은 발음, 어순 등의 구조적 차이는 있을지라도, 인간의 사고(thought)와 논리(logic)에서 비롯된 것이기 때문이다.

더구나 우리가 영어를 모국어로 배우는 것이 아니라 외국어로 배우는 것이기 때문에 영어 학습을 위한 바탕이 되는 우리말의 훈련이 잘되어 있는지 그렇지 못한지에 따라 달라질 수 있다. 시간을 쪼개서 영자 신문의 사설도 읽고, 영어 일기와 같은 매개체를 통하여 영어 표현을 자유자재로 구사하도록 노력하자. 틀림없이 여러분의 영어 학습에 많은 도움을 줄 것이다.

2 독해를 위해 반드시 알아야 할 용어

다음은 영문 구문이나 영문 독해를 접근함에 있어서 꼭 알아 두어야 할 용어이다. 이들의 개념이나 정의를 올바르게 이해함으로써 문제풀이의 단서를 얻을 수 있다. 또한 용어의 차이를 분명하게 규정지음으로써 혼동을 미연에 방지할 수 있다.

01 단락(paragraph)

단락은 하나의 화제(topic)나 사상(idea)과 관련하여 서로 밀접하게 연결된 여러 개의 보조문으로 구성된다. 일반적으로 한 단락에는 하나의 화제와 하나의 중심 사상이 존재한다. 글은 특정한 주제(central idea)를 중심으로 서로 관련되어 있는 여러 개의 문장(단락)들로 이루어져 있다는 점을 기억해야만 한다.

> A paragraph is a group of closely related sentences dealing with a single topic or idea.

02 화제(topic) *논제

영문을 쓰거나 영어로 말을 하는 사람이 표현하고자 하는 대상을 화제라고 한다. 하나의 단락에는 하나의 화제가 존재하며, 화제가 바뀌면 단락도 바뀐다.

> A topic is a subject for conversation, talk, or writing.
> A topic is a subdivision of the theme.

여기에서 subject는 주제라는 의미가 아니라 제재(題材)라는 의미로 사용되었다. 화제를 다른 말로 main idea라고도 하는데, 이때도 역시 '주요 제재'라고 해석해야 할 것이다.

> cf. theme: 예술 작품 등의 밑바탕을 이루는 작가의 중심적 사상·주장
>   topic: 어느 그룹의 사람들에게 공통된 화제
>   subject: 회화·토론·연구·예술 작품 등이 취급하는 대상·제재

03 화제문(topic sentence)

어떤 단락의 중심 사상(main idea)을 제공하는 문장을 화제문이라고 한다. 대체로 화제문은 화제(topic)가 무엇인가를 밝혀 주고, 단락(paragraph)의 전개 방향을 예상할 수 있게 해 준다.

> A topic sentence states the main idea of the paragraph.
> A topic sentence states the most important idea of the paragraph.

04 보조문(detail sentence; supporting sentence) *진술문

하나의 단락 안에서 화제문을 제외한 나머지 문장들을 보조문이라고 한다. 보조문은 화제문을 세부적으로 보충하여 설명해 줌으로써 중심 사상(main idea)의 내용을 뒷받침해 주기 때문에 supporting sentence 또는 detail sentence라고 부른다. 화제문이 일반적 또는 개괄적 진술이라면 보조문들은 대체로 구체적 진술이다. 세부적이거나 구체적인 내용은 주제문을 위한 부수적인 보조문일 가능성이 높다. 가령 for instance, for example, in addition, besides, in fact, in practice 따위가 들어간 문장은 대부분 보조문의 성격이 강하다.

> A supporting sentence explains or supports the main idea and gives the paragraph a feeling of unity.

05 중심 사상(main idea) *요지

글을 쓰거나 말을 하는 사람이 하나의 단락에서 화제를 이용해 표현하고자 하는 주장 또는 견해 등을 중심 사상이라고 한다. 하나의 단락으로 구성된 글에서는 중심 사상이 곧 글의 주제에 해당한다. 일반적으로 화제문이 그 단락의 main idea를 암시해 주는 경우가 많다. 중심 사상을 요지(要旨; main point)라고 부르기도 한다. practice 따위가 들어간 문장은 거의 보조문의 성격이 강하다.

> A main idea is a general statement which reflects the most important idea about the topic.

06 주제(central idea)와 화제(topic)의 차이

주제와 화제를 혼동하는 경우가 많다. 그러나 이 둘 사이에는 큰 차이가 존재한다. 주제는 '무엇에 관한 글인가?' 또는 '글 전체의 주장은 무엇인가?'에 대한 답이다. 전체적인 글이 어떤 주장을 위해 쓰였는가를 찾아내는 것이 곧 주제를 찾아내는 방법이다. 주제를 중심 사상과 구별하기 따로 central idea라고 부르기도 한다. 한 단락의 주장하는 바는 main idea가 되고 여러 단락이 모인 하나의 글이 주장하는 바는 central idea가 된다.

반면에 화제는 '무엇에 관한 단락(paragraph)인가?'에 대한 답이다. 말하자면 어떤 글에 사용된 소재(素材) 또는 제재는 무엇인가에 대한 답이 화제인 것이다. 우리가 잘 알고 있는 '부지런한 개미와 게으른 베짱이'의 이야기를 생각해 보자. 이 이야기의 화제는 당연히 '개미와 베짱이'이다. 그러나 그 이야기가 전해주는 속뜻, 즉 주제는 '부지런히 일하며 살자'는 것이다.

또한 하나의 글 속에 세 개의 단락이 있다면, 화제는 세 개가 존재할 수 있지만 전체적인 글의 주제는 하나만 존재한다. 결코 혼동해서는 안 될 중요한 사항이다.

07 통일성(unity)

하나의 단락을 구성하는 여러 문장들이 가지는 상호 밀접한 관련성을 통일성이라고 한다. 여러 개의 문장들로 구성된 글이라 하더라도 서로 응집성을 가지지 못하는 문장들로 구성되어 있다면 그 글은 하나의 단락을 만들 수 없다. 통일성의 법칙에 어긋나기 때문이다. 어떤 단락이 튼튼한 구조를 가지려면 그 단락에서 다루는 화제는 하나여야 한다.

도표 ❶ 독해를 위해 반드시 알아야 할 용어 정리

용어	정의
단락(paragraph)	1. 하나의 화제나 중심 사상과 관련하여 서로 밀접하게 연결된 문장들로 구성된다.
	2. 하나의 화제와 하나의 중심 사상을 가진다.
화제(topic)	1. 글을 쓰는 사람이 표현하고자 하는 대상(사람, 사물, 추상적 존재 등)
	2. 제재 또는 소재라고도 할 수 있다.
화제문(topic sentence)	1. 어떤 단락의 중심 사상을 밝혀 주는 문장
	2. 그 단락의 화제와 전개 방향을 밝혀 준다.
보충 설명문(detail sentence)	화제문을 세부적으로 보충 설명해 줌으로써 중심 사상을 뒷받침해 주는 구체적인 진술문들
중심 사상(main idea)	1. 작가가 화제를 이용해서 표현하려고 하는 주장 또는 견해
	2. 단락의 수가 몇 개 안 되는 짧은 글에서는 중심 사상이 곧 주제가 될 수도 있다.
주제(central idea)	글 전체가 작가가 주장하고자 하는 것(thesis)
통일성(unity)	1. 하나의 단락을 구성하는 여러 개의 문장들이 가지는 밀접한 상호 관련성
	2. 통일성을 유지하려면 하나의 단락에 하나의 화제가 존재하는 것이 이상적이다.

독해 강화 기법 연습하기

앞에서도 말한 것처럼, 하나의 단락은 하나의 화제(topic)를 중심으로 서로 밀접하게 연관된 문장들로 이루어진다. 하나의 단락에는 일반적으로 그 단락의 중심 사상(main idea)을 암시해 주는 화제문(topic sentence)이 들어 있다. 화제문을 제외한 나머지 모든 문장들은 이 화제문을 보충 설명하고 단락의 내용에 통일성(unity)을 제공하는 보조문들(supporting sentences)이다.

여러 개의 문장으로 구성된 글이라도 각각의 문장 사이에 연관성이 없이 마구잡이로 쓰인 글이라면, 이 글은 통일성을 상실하기 때문에 하나의 단락을 이룰 수 없다는 것을 명심해야 한다. 단락의 구성을 대략적인 도표로 나타내면 다음과 같다.

도표 ❷ | 일반적인 단락의 구성 모형도

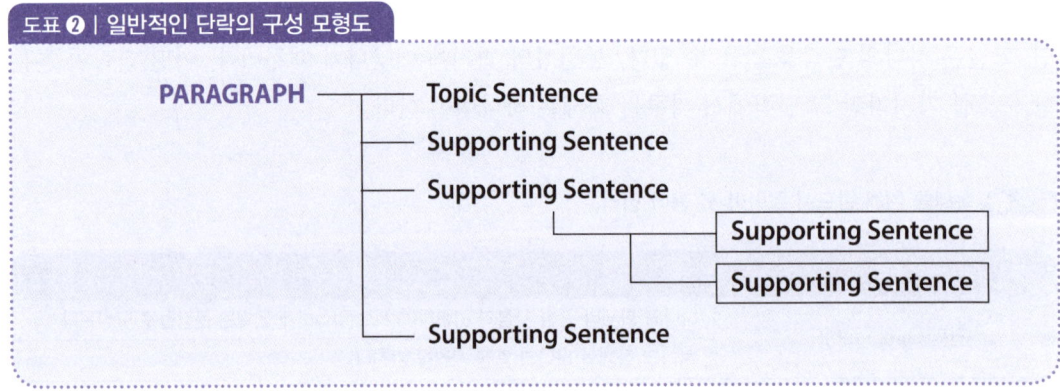

위의 모형에서 볼 수 있는 것처럼, 하나의 화제문을 여러 개의 보조문들이 보충 설명해 주는 방식이 일반적인 단락의 구조이다. 물론, 보다 세부적인 보조문들이 다른 보조문을 수식해 줄 수도 있다. 그렇다면, 보조문을 사용하는 이유는 무엇일까? 그것은 작가의 주장을 보강하기 위한 것이다.

보조문을 서술하여 단락을 전개하는 방법으로는 다음과 같은 유형들이 주로 사용된다.

① 화제와 관련된 사실들(facts)을 나열한다.
② 통계들(statistics)을 제시한다.
③ 구체적인 보기들(specific examples)을 제시한다.
④ 사건이나 일화(an incident or an anecdote)를 소개한다.
⑤ 비교 또는 대조(comparisons or contrasts) 방법을 사용한다.

⑥ 원인과 결과(cause and effect)를 분석한다.

01 화제(topic)를 찾는 기법

1. 화제는 하나의 단락에서 진술하려 하는 무엇(something) 또는 누구(someone)이다. 단락은 하나의 화제를 중심으로 쓰이기 때문에, 어떤 단락이 '무엇' 또는 '누구'에 관하여 쓰였는가를 자세히 관찰하면 그 단락의 화제를 찾을 수 있다.

2. 화제는 화제문(topic sentence) 속에 포함되어 있는 경우가 많다. 화제문은 하나의 단락이 무엇에 관하여 전개될 것인지를 암시해 주는 문장이기 때문에, 화제가 무엇인지도 또한 알려 준다.

3. 화제는 하나의 단락에서 여러 번 반복하여 쓰이는 경우가 많다.

4. 화제는 너무 광범위(too general)해도 안 되고, 너무 특정적(too specific)이어서도 안 된다. 예컨대, 세종대왕에 대해 말하고자 하는 단락에서 한국의 역대 임금들을 모두 화제로 삼으면 너무 광범위해지고, 반대로 조선시대 임금들의 업적을 말하고 싶을 때 세종대왕의 업적만을 화제로 내세우면 너무 특정적이라서 안 된다.

5. 특정한 화제를 찾을 수 없는 단락도 사실상 많이 있다. 그러나 여러분이 걱정할 필요는 없다. 그런 단락에서 화제를 찾으라는 문제는 출제되지 않을 것이기 때문이다.

이제부터는 실제 예문을 가지고 화제를 찾는 기법에 대해 함께 연구해 보자.

예제 ① 다음의 세 문장은 각각 다른 단락에서 뽑아 놓은 화제문들이다. 각 문장의 화제로 적절하다고 생각되는 단어나 구를 찾아보자.

> A. Smoking is dangerous to your health.
> B. I saw a little girl with a large balloon coming down the street.
> C. William Tell's home was among the mountains and he was a famous hunter.

[해설] A. 담배 피우는 것이 왜 건강에 해로운지에 관해 계속 보충 설명할 것임을 예측할 수 있다.
 B. 큰 풍선을 들고 길을 건너고 있는 소녀에게 일어나는 사건을 서술할 것임을 예측할 수 있다.
 C. 결국은 William Tell에 관한 이야기가 이어질 것임을 알 수 있다.

[정답] A. Smoking B. A little girl C. William Tell

예제 ❷ 다음 단락의 화제를 찾아보자. 화제를 찾을 수 없다면 그 이유가 무엇인지 생각해 보자.

> Apples, pears, and potatoes are all sold to city markets. The clover and corn go into barns to feed the cows and other livestock during the winter. Every few years, the largest trees in the forest are cut down, and turned into firewood or lumber.
>
> *barn 헛간   *firewood 장작

[해설]   이 단락은 어느 농촌의 실생활에 관해 적어 놓았다. 그러나 처음부터 끝까지 서로 관련성 있는 사실들만을 나열해 놓았을 뿐, 뚜렷한 화제가 없는 단락이다.

[해석]   사과, 배, 감자는 모두 도시의 시장에 판다. 겨우내 소와 다른 가축을 먹이기 위해 토끼풀과 옥수수를 헛간에 저장한다. 몇 년에 한 번씩, 숲에서 가장 큰 나무들을 베어서 장작과 통나무를 만든다.

02 화제문(topic sentence)을 찾는 기법

1. 앞의 도표 2에서 본 것처럼, 화제문은 대개 단락(paragraph)의 맨 앞에 놓는다. 물론 화제문이 단락의 중간이나 끝에 놓이는 경우도 있다. 그러나 일반적인 위치는 단락의 앞부분이다. 미국의 작문 교사들은 학생들에게 되도록 단락의 앞에 화제문을 놓으라고 가르친다.

2. 화제문은 그 단락의 뒤에 나올 내용에 대하여 일반적, 포괄적으로(generally and broadly) 진술한다. 구체적인 사실들은 보조문들(supporting sentences)에 의해 설명되며, 화제문은 이 보조문들이 어떻게 나열될 것인가를 미리 짐작하게 해 주는 문장이다.

3. 예제 2에서 본 것처럼, 어떤 단락에서는 아무리 훑어보아도 화제문을 찾기 힘든 경우가 있을 것이다. 예컨대, 역사적 사실을 순서대로 나열하는 글이라면 과연 어느 문장이 화제문인가를 결정하기가 아주 어려워진다. 그러나 여러분이 걱정할 일은 아니다. 이런 형태의 단락에서 화제문을 찾으라는 문제를 출제할 사람은 아무도 없을 것이기 때문이다.

4. 다음 질문들은 모두 화제 또는 화제문을 찾을 것을 요구하는 영어식 표현이다.

   - What is the topic?
   - What is all this about?
   - What does the author say about?
   - What is the title which best expresses the topic of this paragraph?
   - What is the topic sentence?

이제부터는 실제 예문을 통해서 화제문에 대해 함께 연구해 보자.

예제 3 다음 단락의 화제와 화제문을 찾아보자.

> Bamboo is one of the most useful grasses in the world. It can be used to make fences, ladders, houses, toys, boat masts, and umbrellas. Its leaves are used as food for animals or to make paper. From the stem are made buckets, water pipes, and flowerpots. The juice from bamboo is turned into medicine, and the younger tender stems are eaten as vegetables. There are literally hundreds of uses for bamboo.
>
> *bamboo 대나무 *stem 줄기 *flowerpot 화분 *tender 부드러운 *literally 문자 그대로

[해설] 단락 전체가 대나무의 효용에 관해 설명하고 있다. 첫 문장은 대나무가 쓸모 있는 풀인 것을 일반적으로(generally) 서술해주고, 둘째 문장부터는 이를 보충 설명해 주고 있으므로, 첫 문장이 화제문임을 알 수 있다. 화제는 당연히 대나무가 된다. From the stem are~flowerpots = Buckets, ~and flowerpots are made from the stem.은 주어부가 너무 길어서 도치된 문장이다.

[해석] 대나무는 이 세상에서 가장 쓸모 있는 풀 중의 하나이다. 이것은 담장, 사다리, 주택, 장난감, 돛대 및 우산을 만드는 데 사용될 수 있다. 그 잎은 동물의 먹이로 사용되거나, 종이를 만들기 위해 사용된다. 줄기로는 양동이, 수도관, 화분을 만든다. 대나무즙으로는 약이 만들어지며, 죽순은 채소로서 식용된다. 대나무는 문자 그대로 수백 가지로 이용된다.

[정답]
1. 화제: Bamboo
2. 화제문: Bamboo is one of the most useful grasses in the world.

예제 4 다음 단락은 보조문들(supporting sentences)로 구성되어 있다. 밑줄 친 곳에 가장 알맞은 화제문을 아래의 보기에서 찾아보자.

> _____. In fact, many people consider it the greatest city in the world. New York is an international center for the arts, music, literature, business, finance, entertainment, and fashion. This great American city is an integral part of our cultural heritage.
>
> *finance 재정 *integral (전체를 이루는 데) 필수적인 *heritage 유산 *entertainment 오락
>
> (A) New York City is the oldest American city.
> (B) New York City is as large as Los Angeles City.
> (C) New York City is a great American city.

[해설] 뉴욕은 현재 모든 문화의 중심지이며, 우리의 다양한 문화유산들을 종합적으로 가지고 있는 위대한 도시라는 것이 보조문들의 설명이다. 결국 이 단락에서는 뉴욕은 위대한 도시라는 문장이 화제문으로 먼저 나와야 한다.

[해석] 뉴욕은 미국의 위대한 도시이다. 사실상 많은 사람들이 뉴욕을 전 세계에서 가장 위대한 도시라고 생각한다. 뉴욕은 예술, 음악, 문학, 사업, 재정, 오락 및 패션의 국제적 중심지이다. 이 미국의 위대한 도시는 우리의 문화유산에서 빼놓을 수 없는 한 부분이다.

[정답] (C)

03 단락을 구별하는 기법

다음 사항들은 지금까지 단락의 구성과 관련하여 서술한 내용들을 종합 정리한 것이다. 반드시 익혀서 활용할 수 있도록 하자.
① 단락은 하나의 화제문과 이를 보충 설명하는 여러 개의 보조문들로 구성된다.
② 하나의 단락에는 하나의 화제와 하나의 중심 사상이 존재한다.
③ 화제가 바뀌면 단락도 반드시 바뀌어야 한다.
④ 화제문은 화제가 무엇인지를 밝혀 주고, 단락의 전개 방향을 암시해 준다.
⑤ 보조문은 화제문을 구체적으로 설명·보완해 준다.
⑥ 화제문이 단락의 중심 사상을 암시하는 경우가 많다.
⑦ 화제문과 보조문들이 서로 연관성을 갖지 못하면 단락의 통일성이 깨져서 단락을 이룰 수 없다.

이제부터는 위의 7개 사항에 주의하면서 실제 예문을 통해 단락의 구성에 대하여 연구해 보자. 단락의 구별능력을 시험할 수 있는 방법으로는 다음과 같은 문제들을 이용할 수 있을 것이다.

예제 ⑤ 다음 단락에는 들어가서는 안 될 문장이 하나 포함되어 있다. 그 문장을 찾아내고, 단락의 화제와 화제문을 찾아보자.

> Agricultural products are America's leading export. Electronic products are also one of America's leading exports. Americans farmers feed not only the total population of the United States, but also millions of other people throughout the rest of the world. Corn and soybean exports account for about 75 percent of the amount sold in world markets.
>
>
>
> *agricultural 농업의   *leading 주도적인   *population 인구
> *account for ~에 달하다   *throughout 전체에 걸쳐서

[해설] 단락 전체의 내용은 미국의 농산물 및 농산물 수출과 관련되어 있다. 그러므로 전자 제품과 관련된 이야기가 이 단락에 들어가면 단락의 통일성(unity)을 깨뜨린다. 결국 두 번째 문장은 제거되어야 한다.

[해석] 농산물은 미국의 주요 수출이다. (전자 제품 또한 미국의 주요 수출품들 중의 하나이다.) 미국의 농부들은 미합중국 전체 인구 뿐만 아니라 전 세계 나머지 지역의 수많은 사람 또한 먹여 살린다. 옥수수와 대두의 수출은 전 세계 시장에서 판매되는 양의 75퍼센트에 달한다.

[정답] 1. 들어가서는 안 되는 문장: 두 번째 문장(Electronic~exports.)

2. 화제: Agricultural products
3. 화제문: 첫 번째 문장

예제 6 다음 글은 두 단락이 형식적 구별 없이 합쳐져 있다. 둘째 단락의 첫 번째 문장을 찾아 써 보자.

> I've been staying with my sister who is an English teacher here. Rents are so high in Manhattan that she lives in a very small apartment. Her desk serves as a kitchen table, and the sofa turns into her bed at night. I'm not sure I'd like to live like that, but she does have the city at her doorstep. Although it's not difficult to find your way around downtown Manhattan, the traffic is terrible. To make matters worse, it's almost impossible to find parking on the street. I simply left my car in a garage and have been using public transportation ever since.
>
> *rent 임대(료) *terrible 험한 *garage 차고 *transportation 운송
> *at one's doorstep ~의 가까이에 *to make matters worse 설상가상으로

[해설] 글의 첫 부분에서는 뉴욕의 맨해튼에서 가난하게 살고 있는 누이의 집안 환경 이야기가 나오다가, although 이하에서는 맨해튼의 교통 문제로 화제가 바뀌고 있다. 결국 교통 문제로 화제가 바뀔 때 단락도 바뀌어야 한다.

[해석] 나는 여기서 영어 선생을 하고 있는 나의 누이와 함께 지내고 있다. 맨해튼의 집세가 너무 비싸서 누이는 아주 작은 아파트에 산다. 그녀의 책상은 식탁으로 사용되며, 소파는 밤에 침대로 변한다. 나는 내가 그런 식으로 살고 싶어 할 것이라고는 확신할 수 없다. 그러나 그녀는 도시에 아주 가까이 살고 있다. 맨해튼의 도심으로 가는 길을 찾기는 어렵지 않지만, 교통은 험악하다. 설상가상으로, 거리에서 주차 장소를 찾는 것은 거의 불가능하다. 나는 내 차를 차고에 그냥 놓아 둔 채 지금까지 대중교통을 이용하고 있다.

[정답] Although it's not difficult to find your way around downtown Manhattan, the traffic is terrible.

예제 7 다음 글은 세 개의 단락이 구별 없이 합쳐져 있다. 둘째 단락의 처음 세 단어와 마지막 세 단어를 골라 써 보자.

> On my way south, I decided to travel through California. For the past few days, I've been staying in a small town in this state. There are no hotels here, but I was able to rent a small room in a farmer's home. I have no explanation for why I chose this small town. I think I just wanted to see the broad open field of California and the people who live here. This town is one of many farming communities in this region. They raise grapes and make red and white wines. They also raise pears and oranges here and there. I could have tasted really fresh and sweet fruits during my staying here.
>
> *community 공동체, 마을

[해설] 글의 첫 부분에서는 작가 자신이 여행 중에 캘리포니아의 작은 마을에 머물고 있음을 알려 주고, 중간 부분에서는

[해석] 　　그 마을에 머물게 된 이유를 설명해 준다. 글의 마지막 부분에서는 이 마을의 생업에 관하여 설명하고 있다.
　　　　남쪽으로 가는 도중에, 나는 캘리포니아를 여행하기로 작정했다. 지난 며칠 동안 나는 이 나라의 어느 작은 마을에 묵고있다. 이곳에는 호텔은 없지만, 나는 한 농부의 집에서 조그만 방을 얻을 수 있었다. 나로서는 내가 왜 이 작은 마을을 택했는지 설명할 방도가 없다. 내 생각에, 나는 다만 캘리포니아의 광활한 개활지와 여기서 사는 사람들을 보고 싶어 했던 듯하다. 이 마을은 이 지역의 많은 농촌들(또는 농업 공동체들) 중의 하나이다. 사람들은 포도를 기르고, 적·백포도주를 만든다. 그들은 또한 여기저기에 배와 오렌지를 기른다. 나는 여기 머무는 동안 참으로 싱싱하고 달콤한 과일들을 맛볼 수 있었다.

[정답] 　　I have no, who live here.

04 중심 사상(main idea)을 찾는 기법

"나무를 보고 숲을 보지 못한다."는 말이 있다. 글의 세부사항들(details)은 파악하지만 정작 그 글의 요지(main point), 즉 중심 사상(main idea)을 보지 못한다면, 나무만 잔뜩 보고 정작 숲은 보지 못하는 경우가 될 것이다. 다음의 기법들을 잘 활용하면, 단락의 중심 사상을 정확히 파악하는 데 크게 도움이 될 것이다.

1. 단락의 화제(topic)를 먼저 찾고, 화제에 대한 작가의 일반적 견해 또는 주장이 들어 있는 문장을 찾아낸다. 그 일반적 견해나 주장이 단락의 중심 사상(main idea)이 된다.
2. 단락의 화제문을 의문문으로 바꿔 본다. 그 질문에 대한 답이 중심 사상(main idea)이 되는 경우가 많다.
3. 단락의 첫 문장과 마지막 문장을 읽어 본다. 이 두 문장이 진술하는 견해가 합쳐져서 중심 사상을 표현하는 경우도 많다.
4. 단락을 읽고 한 문장으로 요약해 보는 훈련도 중심 사상을 찾는 중요한 방법 중 하나이다. 요약된 문장이 곧 그 단락의 중심 사상이 될 것이다.
5. 중심 사상은 흔히 but, thus, nevertheless, in conclusion, in summary, most importantly, after all 등과 같은 단어나 구에 의하여 암시되는 경우도 많다. 이런 단어나 구는 글의 내용을 전환시키거나 전체적으로 요약할 때 주로 사용되기 때문이다.
6. 다음의 질문들은 모두 중심 사상이 무엇인지 찾으라는 서로 다른 영어식 표현들이다.

   - What is the main idea?
   - What is the main point?
   - What does the author mean?
   - What is the most important idea about the topic?
   - What is the title that best expresses the main idea of the paragraph?

예제 8 다음 단락은 Thomas Edison에 관하여 쓴 글이다. 중심 사상은 어느 문장에 포함되어 있는지 찾아 써 보자.

> Thomas Edison was not only a great American inventor, he was most likely the greatest inventor in history. The invention of the light bulb alone changed the world forever. The light bulb was just one of 1,094 patents issued to Edison. Until now, the results of Edison's genius surround us—from movies to cement.
>
> *inventor 발명가 *patent 특허 *genius 천재(성)

[해설] 화제는 Edison이며, 화제문은 첫 문장이다. 보조문에서는 에디슨이 정말 위대한 발명가였음을 보여 주기 위해 그의 발명품들을 예로 들어 놓았다. 중심 사상은 곧 글쓴이의 주장 또는 견해라는 것을 생각하면, 첫째 문장에 중심 사상이 들어 있음을 쉽게 알 수 있을 것이다.

[해석] 토마스 에디슨은 미국의 위대한 발명가일 뿐 아니라, 역사상 가장 위대한 발명가일 듯하다. 전구의 발명만으로도 세상을 완전히 바꾸어 놓았는데, 전구는 에디슨에게 발급된 1,094개 특허들 중의 하나에 지나지 않는다. 지금까지도, 영화에서 시멘트에 이르기까지, 에디슨의 천재성으로 인한 발명품들(results)이 우리 주변에 널려 있다.

[정답] he was most likely the greatest inventor in history.

예제 9 다음 단락은 광고를 보고 직업을 찾는 사람의 편지글 중 일부이다. 어느 문장이 중심 사상을 포함하고 있는지 찾아 써 보자.

> I read your ad in the Los Angeles Times in which you mention job openings in your Los Angeles office. With twenty years' experience making industrial lenses, I feel that I am qualified for the job. Now I want to hear more information about the current needs of Green Optical Company.
>
> *mention 언급하다 *optical 광학의 *qualify 자격을 갖추다

[해설] 중심 사상은 결국 글쓴이가 나타내고자 하는 주장이나 견해이다. 직업을 구하는 사람이 자신을 소개하는 이 글에서, 글쓴이가 주장하고자 하는 말은 결국 자신이 그 일자리에 적임자라는 내용이다.

[해석] 저는 귀하께서 귀하의 로스앤젤레스 사무실에 일자리를 마련한다는 광고를 로스앤젤레스 타임스에서 읽었습니다. 20년에 걸친 산업용 렌즈 제작 경험을 가지고 있기 때문에, 저는 제가 그 자리에 적임자라고 느낍니다. 저는 이제 그린 광학사가 최근에 필요로 하시는 사항들에 대하여 더 많은 정보를 듣고 싶습니다.

[정답] I feel that I am qualified for the job.

예제 ⑩ 다음은 전쟁을 겪고 난 사람이 쓴 글의 일부이다. 글쓴이가 주장하는 바를 가장 잘 나타낸 문장을 보기에서 골라 보자.

> I guess wars are never very pleasant, regardless of what you're fighting for. Of course, we won our independence, and I'm sure this nation will have a great history. Looking back, I suppose Sam was right. When people don't give you your freedom, you've got to fight for it. It's a birthright. But I wish there could have been another way—a more peaceful way—to get the same thing.
>
> *independence 독립 *suppose 생각하다 *birthright 천부의 권리 *regardless of ~에도 불구하고
>
> (A) We have to fight for our freedom.
> (B) To get freedom is our birthright.
> (C) We have to prevent wars if it is possible.

[해설] 이 단락의 화제문은 첫 문장이다. 첫 문장에서 이미 전쟁을 재미없는 것이라고 규정하고 있다. 따라서 중간 부분에서는 자유를 얻기 위해서 싸워야 한다고 말하고 있지만, 글쓴이의 참 의도는 마지막 문장에서 선명하게 드러난다.

[해석] 내 생각으로는, 어떤 목적을 위해 싸운다 하더라도, 전쟁은 결코 재미없는 것이다. 물론, 우리는 독립을 얻어냈고, 나는 이 나라가 위대한 역사를 이룩할 것을 확신한다. 돌이켜 보건대, 나는 샘(글쓴이의 친구)이 옳았다고 생각한다. 사람들이 당신에게 자유를 주지 않을 때, 당신은 그것을 쟁취해야만 한다. 그러나 나는 똑같은 것(자유)을 얻기 위한 또 하나의 방법, 즉 보다 평화로운 방법도 있었기를 바란다.

[정답] (C)

PART II

독해 실전문제 풀어 보기

UNIT 01	유머	UNIT 08	역사
UNIT 02	과학·생태	UNIT 09	문화
UNIT 03	사회	UNIT 10	법·정치
UNIT 04	언어	UNIT 11	경제·보험
UNIT 05	환경·건강	UNIT 12	광고
UNIT 06	교육	UNIT 13	예술·스포츠
UNIT 07	교훈	UNIT 14	기타

UNIT 1

유머
Humor

Reading Test **01** 판 것이 없어요

Reading Test **02** 월급을 올려 주세요

Reading Test **03** 미끼가 없어서

Reading Test **04** 아침 3시는 너무 일러요

Reading Test **05** 대통령의 유머 감각

Reading Test **06** 시키신 대로 했어요

Reading Test **07** 젊은 정신병 환자

Reading Test **08** 손님은 항상 옳으니까요

Reading Test **09** 공산주의는 이제 그만

Reading Test **10** 자네만 앞지르면 돼

판 것이 없어요

A woman walked into a toyshop and asked the proprietor how his business was. "It's terrible!" he complained. "The day before yesterday we sold only one. Yesterday we sold nothing. And today it's even worse."

"How could it be worse?" asked the woman.

"Today she returned the toy she bought the day before yesterday." sighed the proprietor.

1 이 장난감 가게 주인이 오늘까지 3일 동안 판매한 장난감의 수는 사실상 몇 개인가?

2 다음 중 밑줄 친 <u>proprietor</u>와 같은 뜻을 가진 단어는?
① clerk   ② customer   ③ guest
④ owner   ⑤ waiter

본문해석

한 여자가 장난감 가게로 걸어 들어가서 주인에게 장사가 잘되느냐고 물어보았다. "너무 안돼요!" 그는 투덜댔다. "그저께는 하나밖에 못 팔았고요, 어제는 전혀 못 팔았죠. 심지어 오늘은 더 나빠요."
"어떻게 더 나쁠 수가 있어요?" 그 여자가 물었다.
"오늘은 그저께 장난감을 사 갔던 손님이 그걸 반품했어요." 주인은 한숨을 쉬며 말했다.

어휘연구

proprietor ⓝ 소유자, 주인(= owner, possessor)　　**terrible** ⓐ 무서운, 지독한(= awful, horrible)
complain ⓥ 불평하다, 투정하다(= protest, grumble)　　**return** ⓥ 반환하다, 돌려주다(= give back)

Reading Test 02 — 월급을 올려 주세요

The Browns went away for their winter vacation and gave their housemaid, Cathy, a month's wages before they left. When they came back home one month later, Cathy said that she wanted higher wages or she would leave.

Mrs. Brown was surprised, and she exclaimed, "My goodness, you're just taken a month off with full pay. You ought to consider yourself were lucky."

"That's just it." she replied. "You paid me all that money for doing nothing, so how can you expect me to do all this work now for the same wages?"

1 Why did Cathy demand higher wages?

① Because she had to work harder during the Brown's vacation.
② Because she did nothing during the Brown's vacation.
③ Because she would have to work harder after the Browns returned.
④ Because the Browns didn't pay enough money for Cathy till now.
⑤ None of the above

2 밑줄 친 단어와 같은 의미를 가진 단어를 아래와 같이 완성해 보시오.

f_____e

본문해석

브라운 씨 부부는 겨울 휴가를 떠났는데, 그들이 떠나기 전에 가정부 캐시에게 한 달 치 월급을 주었다. 한 달 후 그들이 집에 돌아왔을 때, 캐시는 월급을 더 올려 주기를 바란다면서 그렇게 되지 않으면 떠나겠다고 말했다.

브라운 부인은 깜짝 놀라서 큰소리로 말했다. "세상에, 당신은 월급을 다 받고서 한 달이나 쉬었잖아요. 당신은 자신이 운이 좋았다고 생각해야만 돼요."

"제 말이 바로 그거예요." 그녀가 대답했다. "부인은 내가 아무 일도 하지 않았는데 그 돈을 모두 주셨어요. 그러나 부인께서 어떻게 내가 똑같은 월급을 받고 이 모든 일을 할 거라고 기대할 수 있겠어요?"

Teach Yourself

beside와 besides의 차이점

1 beside는 전치사로서 '~의 곁에(next to)'라는 의미로 사용된다.
- He is sleeping *beside* his mother.(= next to)

2 besides는 전치사 또는 부사로서 '~외에도(in addition (to))'로 사용되고, 전치사로서 '~을 제외하고(except)'라는 의미로 사용된다.
- *Besides* milk we need eggs. (= in addition to)
- I really want to stay home tonight, and *besides* I have already seen that movie. (= in addition)
- Everyone *besides* Tom will be there tomorrow. (= except)

어휘연구

housemaid ⓝ 가정부, 식모(= maidservant)   wage ⓝ 월급, 임금(= pay, fee, salary)   exclaim ⓥ (소리 높이) 외치다(= cry, shout, proclaim)   reply ⓥ 대답하다, 응답하다(= answer, respond, react)   take~off ~동안 일을 멈추고 쉬다(= quit, leave off)

미끼가 없어서

David wanted to go fishing to the lake in the afternoon, but he agreed to take care of his little sister Suzy while his parents went shopping. He asked if he could take her fishing, and they said it was O.K.

"I'll never take her fishing with me again." David complained to his parents when they returned home. "I didn't catch a single fish today."

"I'm sure she will quiet next time." his mother said. "Just explain that the fish swim away when there's noise."

"It wasn't the noise." David said. "She swallowed the cheese for fish."

1 Why couldn't David catch a single fish today?

① Because the lake was too shallow.
② Because Suzy made a noise.
③ Because all the fish ran away.
④ Because Suzy ate the bait.
⑤ Because there were no fish in the lake.

2 다음 중 나머지와 의미가 전혀 다른 말을 하나 고르시오.

① look after   ② care for   ③ take care of
④ be responsible for   ⑤ attend on

본문해석

데이비드는 오후에 호수 낚시를 가고자 했지만, 그의 부모가 장을 보러 가 있는 동안 어린 누이동생 수지를 돌보기로 동의했다. 그는 누이를 낚시에 동반해도 되겠느냐고 물었고, 그의 부모는 그렇게 하라고 말했다.

"다시는 수지를 낚시에 데려가지 않을래요." 집으로 돌아와서 데이비드는 그의 부모에게 투덜거렸다. "오늘은 단 한 마리도 못 잡았어요."

"다음에는 수지도 조용히 할 게다." 어머니가 말했다. "시끄러우면 물고기가 도망간다고 설명이나 해주려무나."

"시끄러워서가 아니었어요." 데이비드는 말했다. "물고기가 먹을 치즈를 수지가 삼켜 버렸어요."

어휘연구

swallow ⓥ (꿀꺽) 삼키다(= devour, drink, gulp) cf shallow ⓐ 낮은, 얕은(= hollow, depthless) take care of 돌보다, 뒷바라지하다(= attend on, look after, care for) go shopping 장 보러 가다 cf go fishing [hiking, hunting, picnicking]

04 아침 3시는 너무 일러요

A stupid man went to a dealer to buy a racehorse.

"The horse I'm looking for must be fast," he said. "I mean fast. Do you have a horse like that?"

The dealer pointed a fine-looking animal and said, "That horse is very very fast, and its endurance is unbelievable. If you start from Bishop at midnight, it'll have you on the top of Mount Whitney at three in the morning."

The buyer had to think about the horse for a while. When he finally decided to turn it down, he said, "I can't just think of any reason why I'd want to be on the top of Mount Whitney at three in the morning."

*Bishop 캘리포니아의 한 휴양 도시   *Mount Whitney 캘리포니아 소재의 미국 본토에서 가장 높은 산

1 Choose the right reason why the man did not want to buy the race horse.

① He didn't like the horse.
② The horse was too fast for him to ride.
③ He couldn't believe the dealer.
④ He thought three in the morning is too early.
⑤ He thought the horse could not run fast.

2 다음 선택지 중 endure와 의미가 다른 단어를 고르시오.

① suffer ② bear ③ stand
④ tolerate ⑤ collapse

3 글의 내용을 참고하여 다음 괄호 안에 들어갈 단어를 완성하시오.

The buyer (m_____d) the dealer's intention.

본문해석

어떤 어리석은 사내가 경주마를 한 마리 사러 딜러에게 갔다.
"내가 찾고 있는 말은 빨라야만 합니다." 그가 말했다. "빨라야만 한다고요. 그런 말을 가지고 계세요?" 그 딜러는 잘생긴 말을 가리키며 말했다. "저 말은 무지 무지 빠르고요, 지구력은 믿을 수 없을 정도입니다. 선생님이 한밤중에 비숍에서 출발하시면, 저 말은 아침 3시에 선생님을 휘트니 산 꼭대기에 데려다 줄 겁니다."
그 손님은 그 말에 대하여 한동안 생각해 보아야 했다. 그가 마침내 그 말을 거절하기로 했을 때 그는 말했다. "나는 내가 아침 3시에 휘트니 산 꼭대기에 있고 싶어 하리라는 어떤 이유도 생각해 낼 수가 없군요."

어휘연구

endurance ⓝ 지구력(= stamina), 참을성(= patience, tolerance, bearing) unbelievable ⓐ 믿을 수 없는(= incredible, inconceivable) point ⓥ 가리키다, 지시하다(= indicate, direct) turn down ~을 거절하다, 물리치다(= refuse, object, reject)

05 대통령의 유머 감각

President Calvin Coolidge once invited a bunch of his hick friends to dinner at the White House. It was one of his first social meetings after his election.

The friends, not having the clue how to behave in high society, decided to copy Coolidge's actions down to the smallest detail.

All went well until dinner was over, and they had coffee time at last.

Then the president, who perhaps had more of a sense of humor than his friends ever though, solemnly poured half of his coffee into his saucer and added cream sugar. The friends followed the prescribed formula.

They then froze in embarrassment as Coolidge calmly placed in the saucer down on the floor for his cat.

*hick 시골뜨기의 *saucer 컵 받침

1 Why did the friend freeze in embarrassment?

① Because they knew they had taken a big mistake.
② Because they didn't know what to do next.
③ Because they couldn't follow the prescribed formula.
④ Because they didn't carry their own cats.
⑤ None of the above

2 What does the prescribed formula mean in this context? Explain it in Korean.

3 다음 중 나머지 단어들과 뜻이 다른 언어를 하나 고르시오.

① elect   ② vote   ③ appoint

④ select   ⑤ pick out

4 4행의 <u>copy</u>와 같은 의미로 쓰인 단어를 본문에서 찾아 쓰시오.

본문해석

캘빈 쿨리지 대통령은 언젠가 백악관의 저녁 식사에 자기의 시골 친구들을 초대했다. 그것은 그가 당선된 이후 처음 가진 사교 모임들 중 하나였다.

상류 사회에서 어떻게 처신할지 방법을 몰랐던 친구들은 시시콜콜한 것까지 쿨리지의 행동을 따라 하기로 결정했다.

저녁 식사가 끝날 때까지는 모든 일이 순조로웠으며, 그들은 마침내 커피 마시는 시간을 가졌다. 그때, 아마도 친구들이 지금까지 생각했던 것보다는 유머 감각이 더 많았던 대통령은 진지한 표정으로 자기 커피의 반을 컵받침에 붓고 크림과 설탕을 더 탔다.

친구들은 그 처방된 공식을 그대로 따라 했다.

그 후 쿨리지가 그 컵받침을 고양이를 위해 조용히 바닥에 내려놓았을 때, 친구들은 당황해서 꼼짝도 하지 못했다.

Teach Yourself

○ **sensible과 sensitive의 차이점**

sensible은 '분별 있는, 지각 있는'의 뜻으로 sensitive는 '민감한, 감수성이 강한'의 뜻으로 사용된다.

- It is very *sensible* of her to avoid bad company.
  그녀가 나쁜 친구들을 피하는 것은 대단히 분별 있는 행위이다.
- Tony is not all *sensitive* to other people's feeling.
  토니는 다른 사람들의 감정에 전혀 영향을 받지 않는다.

어휘연구

clue ⓝ (수수께끼의) 실마리, 단서(= sign, hint, cut, key) behave ⓥ 처신하다(= conduct oneself, act) detail ⓝ 세부, 세부 항목(= specific), 사소한 일(= triviality) solemnly ⓐⓓ 진지하게(= seriously, earnestly) prescribe ⓥ 처방하다(= direct, order, command) embarrassment ⓝ 당황, 난처함(= confusion, perplexity, puzzle) a bunch of 한 다발, 떼(= a bundle [herd band, school] of)

시키신 대로 했어요

My grandmother, having to <u>answer</u> the door, ordered my brother to watch some fish, which was being prepared for dinner. When she returned, the cat was enjoying a good meal under the sofa. To the old lady's cry of "James, did I not tell you watch the fish?" my brother, for he always told the truth and did what he was told, answered truthfully "So I did, Grandmother, and the cat took it."

1 다음 선택지 중 할머니가 말한 watch와 James가 이해한 watch를 가장 잘 설명한 것은?

	Grandmother	James
①	to be careful	to pay attention to
②	to look at	to pay attention to
③	to look at	to be careful
④	to be careful	to look at
⑤	to look at	to look at

2 The underlined <u>answer</u> is synonymous with

① consult ② ask ③ inquire
④ demand ⑤ reply

본문해석

할머니께서 손님을 맞으러 나가야 했기 때문에, 형에게 물고기를 잘 보라고 시키셨는데 그 물고기는 저녁거리로 준비되고 있었다. 그녀가 돌아왔을 때 고양이는 소파 밑에서 훌륭한 식사를 즐기는 참이었다. 그 노부인이 "제임스, 내가 물고기를 잘 보라고 말하지 않았니?"하고 호통 치는 소리에, 형은 항상 정직하게 말했고 시킨 일을 지켰기 때문에, 다음과 같이 말했다. "시키신 대로 했어요, 할머니. 고양이가 그 물고기를 채 갔어요."

어휘연구

order ⓥ 명령하다(= command), 정돈하다(= arrange) watch ⓥ 보다(= look at), 감시하다(= inspect) prepare ⓥ 준비하다, 채비하다(= ready, arrange) answer the door [the bell, the knock] 손님을 맞으러 나가다

07 젊은 정신병 환자

A flood made the electric power useless and damaged the emergency generators at one hospital. The absence of power had stopped the air conditioning, and the entire hospital was becoming something of a hothouse. With confusion <u>prevailing</u> all around, a young psychopathic ____ⓐ____ passed himself off as a medical official.

He sent a team of well-trained staff on a search for dry ice which lasted all through the night.

A hospital official admitted later, "We finished up with useless 1,500kg of dry ice in the lobby this morning."

She added that no one had thought for a moment to question the authenticity of the young crazy man who had led the team because everyone had thought that he had been doing a good job.

*emergency generator 비상용 발전기

1 글의 내용으로 보아 빈칸 ⓐ에 가장 알맞은 단어는 무엇인지 고르시오.

① doctor ② intern ③ patient
④ nurse   ⑤ student

2 Which of the following is not related to the reason why people believed the authenticity of the young man?

① Confusion prevailed all around the hospital.
② People thought he had been doing a good job.
③ The ice made the hospital cool.

④ He passed himself off as a medical official.

⑤ People in the hospital were all confused.

3 The word underline{prevail} in this context means

① to gain control ② to be widespread

③ to cause to feel certain ④ to fight successfully against

⑤ to get or exist

본문해석

홍수가 나서 전력이 쓸모 없어지고 한 병원의 비상용 발전기들이 망가졌다. 전력이 없어서 에어컨 가동이 중지되었으며, 병원 전체가 온실과 비슷하게 되었다. 혼란이 온통 만연한 상태에서, 한 젊은 정신병 환자는 스스로 병원 관리로 행세했다.

그는 한 팀의 잘 훈련된 직원들을 시켜서 밤새 녹지 않고 남아있게 될 정도의 드라이아이스를 찾아오게 했다.

한 병원 관리는 나중에 "우리는 오늘 아침 병원 로비에 1,500kg이나 되는 쓸모 없는 드라이아이스를 쌓아 놓은 꼴이 되었습니다."라고 이를 인정했다.

모든 사람이 그가 일을 잘 처리하고 있다고 생각했기 때문에 한동안 그 젊은 미치광이의 신빙성에 의문을 제기한 사람은 전혀 없었다고 그녀는 덧붙였다.

어휘연구

damage ⓥ 손상을 입히다(= hurt, do harm, injury, destroy) confusion ⓝ 혼란(= disorder, chaos), 혼동 psychopathic ⓐ 정신병의 authenticity ⓝ 신빙성, 확실성(= reliability) pass oneself off as ~으로 행세하다(= pretend, make believe, set up for) finish up 결국 ~한 상태가 되다(= end up, wind up)

손님은 항상 옳으니까요

The arrogant customer in the antique shop obviously just killing the time. She made the owner drag out fragile old pieces and then commented on their poor quality and high prices. After about an hour of this, she looked at her watch and said she must go.

"I suppose," she said. "that you think I'm a nuisance, just trying to pretend to know what I don't know in fact."

The owner bowed graciously, and said, "If you say so. In my shop, the customer is always right."

*nuisance 성가신 일(사람)

1. 7행의 종속절 if you say so 다음에는 주절이 생략되어 있다. 주절을 살려 써 보시오.

2. 밑줄 친 부분과 같이 말함으로써, 가게 주인은 손님에게 사실상 어떤 말을 하고자 한 것 인가?

3. 다음 중 연결된 단어의 관계가 같지 않은 것을 하나 고르시오.
   ① obvious – obscure
   ② arrogant – humble
   ③ fragile – firm
   ④ pretend – make believe
   ⑤ antique – modern

본문해석

골동품 상점에 온 거만한 손님은 그저 시간을 죽이고 있는 것이 분명했다. 그녀는 주인에게 깨어지기 쉬운 골동품들을 꺼내게 하고서는, 질이 나쁘고 값은 비싸다고 평가했다. 한 시간 쯤 그러더니, 그녀는 시계를 보고서 가야 하겠다고 말했다.

"내 생각으로는," 그녀가 말했다. "당신은 내가 성가신 사람이고 사실상 알지도 못하는 것을 아는 체하려 한다고 생각하시겠죠."

주인은 공손하게 허리를 숙여 인사하고 나서 말했다. "손님께서 그렇게 말씀하신다면요. 저희 가게에서는 손님의 말씀이 항상 옳습니다."

어휘연구

arrogant ⓐ 거만한, 오만한(= haughty, proud ↔ modest, humble) **fragile** ⓐ 약한, 깨지기 쉬운(= breakable, weak, frail ↔ strong) **gracious** ⓐ 공손한, 정중한(= courteous, polite ↔ rough, ill-mannered) **comment** ⓥ 논평하다, 의견을 말하다(= criticize, mention) **drag out** 끌어내다(= draw)

공산주의는 이제 그만

A certain nobility had a valet who violently opposed to the capitalistic system, and who devoted most of his spare time to attending meetings where he could listen to communistic theories.

The master was tolerant because the servant was diligent in the performance of his duties. Suddenly the valet stopped going to any of the meetings, and after several weeks the master became curious enough to ask the reason.

"At the last meeting I attended," said the good man, "it was proved that if all the wealth in the country were divided equally among all the people, the share of each person would be two thousand francs."

"So what?" asked the master.

"Well, I have five thousand francs."

1 The reason why the valet didn't attend meetings any more is

① that he came to know the reality of communism.

② that he came to know the reality of capitalism.

③ that he didn't want to lessen his property.

④ that he was too diligent to become a communist.

⑤ None of the above

2 본문의 내용과 일치하도록 다음 문장의 밑줄 친 부분을 완성하시오.

The master didn't tell the servant to quit participating in the communist meetings because _____.

3 다음 중 단어들의 연결 관계가 나머지와 다른 것을 고르시오.

① violently – calmly
② divide – distribute
③ diligent – lazy
④ oppose – agree
⑤ attend – be absent

> **본문해석**

어떤 귀족에게 시종이 한 명 있었는데 그는 자본주의 제도를 격렬하게 반대하고, 여가 시간의 대부분은 공산주의 이론 해설을 들을 수 있는 모임에 참가하는 사람이었다.

시종이 자신의 의무를 부지런히 수행했기 때문에 주인은 이를 눈감아 주었다. 시종은 갑자기 모임에 나가는 것을 중단했으며, 몇 주 후에 주인은 호기심이 나서 그 이유를 물어 보았다.

"제가 참석했던 마지막 모임에서요." 그 선량한 남자는 말했다. "만약, 이 나라의 모든 부를 국민들에게 똑같이 나눈다면 한 사람의 몫이 2천 프랑이 될 것으로 증명되었거든요."

"그게 어때서?" 주인은 말했다.

"그게요, 저는 지금 5천 프랑을 갖고 있단 말입니다."

> **어휘연구**

nobility ⓝ 귀족(= noble, aristocrat) valet ⓝ 시종(= servant) violently ⓐⓓ 격렬하게(= fiercely, intensely) capitalistic ⓐ 자본주의의 devote ⓥ ~을 바치다, 헌신하다(= dedicate) attend ⓥ 참석하다, 출석하다(= be present, participate in) share ⓥ 몫, 배당(= portion, lot)

10 자네만 앞지르면 돼

When two friends were sleeping in a tent at the camp site in Big Bear Mountain, a black bear <u>attacked</u> their tent. They had to run away from the bear, narrowly carrying their running shoes. When one friend suddenly stopped to put on his shoes, the other said incredulously, "I don't think you can outrun that hungry bear by putting those shoes on." The first friend replied, "I do never want to outrun the bear. I only want to outrun you, my friend!"

*Big Bear Mountain 미 캘리포니아 주의 한 관광지

1. Which of the following best describes the man who stopped to put on his shoes?

① brave ② friendless ③ untrustworthy
④ fearless ⑤ curious

2. The underlined <u>attack</u> is synonymous with

① support ② defend ③ assault
④ resist ⑤ protect

본문해석

두 친구가 빅베어 산의 야영지에서 천막을 치고 자고 있을 때, 흑곰 한 마리가 그들의 천막을 습격했다. 그들은 곰에게서 도망쳐야 했는데, 간신히 운동화만을 챙겼다. 한 친구가 신발을 신으려고 갑자기 멈추자, 다른 친구가 의아하다는 듯이 말했다. "나는 자네가 그 신발을 신는다고 저 배고픈 곰을 앞지르리라 생각지 않네." 첫 번째 친구가 대답했다. "나는 결코 곰을 앞지르려 하지 않네. 나는 다만 자네를 앞지르고자 하네, 친구!"

어휘연구

site ⓝ 장소, 용지(= place, lot) attack ⓥ 공격하다(= assault, invade ↔ defend, resist) narrowly ⓐⓓ 간신히(=barely, by a hair-breadth) incredulously ⓐⓓ 의심스럽게(= doubtfully, suspiciously) outrun ⓥ ~을 앞지르다(= outpace, outgo, exceed, surpass)

정답해설 UNIT 1 유머

01 판 것이 없어요

1. 0개 ⇒ 그저께는 하나를 팔았고, 어제는 판 것이 하나도 없는데, 그나마 오늘은 그저께 판 것이 반품되었으니 이 주인은 3일 동안 하나도 팔지 못한 셈이 된다.
2. ④ ⇒ proprietor는 property(재산)의 소유자이다.

02 월급을 올려 주세요

1. ② ⇒ 브라운 씨 부부가 휴가를 떠난 한 달 동안, 캐시는 아무 일도 하지 않고 월급을 받았다. 브라운 씨 부부가 휴가를 마치고 돌아온 지금, 캐시는 이제부터 이런저런 일을 하게 될 텐데 아무 일도 안 하던 때와 같은 월급을 받을 수는 없노라고 억지를 부리는 중이다. 선택지 ③에 속지 않도록 주의하자. harder는 비교급이므로, 캐시가 그 전에도 열심히 일을 했어야만 더욱 열심히 일하는 것이 답이 될 수 있다.
2. fortunate(운이 좋은, 행운의)

03 미끼가 없어서

1. ④ ⇒ the cheese for fish = the bait for fish. 미국이나 유럽에서는 송어 등의 민물낚시에 치즈 미끼도 사용한다.
2. ④ ⇒ be responsible for ~에 책임이 있다

04 아침 3시는 너무 일러요

1. ④ ⇒ 이 사내는 말이 그만큼 빠르다는 딜러의 과장된 표현을 그대로 받아들여 오해가 발생했다.
2. ⑤ ⇒ collapse = fall down 무너지다
3. misunderstood ⇒ 손님은 딜러의 의도를 오해했다.

05 대통령의 유머 감각

1. ①
2. 쿨리지가 자기 커피의 반을 컵 받침에 따르고 거기에 크림과 설탕을 더 넣은 행위
3. ③ ⇒ appoint는 '임명하다', 나머지는 '선출하다'라는 의미
4. follow

06 시키신 대로 했어요

1. ④ ⇒ 할머니는 물고기, 또는 고양이를 잘 감시하라는 의도로 watch를 사용했고 제임스는 그냥 보고 있으라는 뜻으로 watch를 해석했다.
2. ⑤ ⇒ consult 상담하다, demand 요구하다

07 젊은 정신병 환자

1. ③ ⇒ 마지막 paragraph의 the young crazy man을 참고할 것. intern 수련 의사
2. ③ ⇒ 드라이아이스는 병원 로비에 쌓여 있었을 뿐 병원을 시원하게 하는 데 사용되지는 않았다.
3. ② ⇒ prevail은 '만연하다'의 뜻으로 쓰였다.

08 손님은 항상 옳으니까요

1. you are a nuisance, just trying to pretend to know what you don't know in fact.
2. 손님은 성가신 사람이며, 자신이 모르는 일을 아는 체하는 사람이라는 것.
3. ④ ⇒ 선택지 ④는 동의어끼리 연결되어 있고, 나머지는 모두 반대어끼리 연결되어 있다.

09 공산주의는 이제 그만

1. ③ ⇒ 그는 자신이 현재 소유하고 있는 5천 프랑이 2천 프랑으로 줄어드는 것이 싫었다.
2. he was diligent in the performance of his duties
3. ② ⇒ 선택지 ①, ③, ④, ⑤는 모두 반의어끼리 연결되어 있지만, ②는 비슷한 말끼리 연결되었다.

10 자네만 앞지르면 돼

1. ③ ⇒ friendless 의지할 곳 없는, untrustworthy 믿을 수 없는, curious 호기심이 많은
2. ③ ⇒ 어휘 연구 참조

UNIT 2

과학·생태
Science·Ecology

Reading Test **11** 베링해협

Reading Test **12** 생명체의 수명

Reading Test **13** 식물과 동물의 공생

Reading Test **14** 수분의 승화를 막는 방법

Reading Test **15** 딱따구리의 특징

Reading Test **16** 카멜레온의 생태

Reading Test **17** 툰드라 지대의 생명체들

Reading Test **18** 알루미늄의 효용

Reading Test **19** 과학 발전의 위협

Reading Test **20** 인식의 황혼 지대

베링해협

The world was a much colder place 75,000 years ago. A great ice age had begun. Year after year, water being drawn from the oceans formed into mighty ice caps, which in turn spread over the whole land. This process dramatically lowered ocean levels. In the area of the Bering Straits, where today fifty-six miles of ocean separates Siberia from Alaska, a land bridge emerged. At times experts believe that this corridor provided the pathway used by early humans to enter America.

*Bering Straits 베링 해협

1 아메리카 대륙으로 사람들이 이주할 수 있도록 해 준 것은 다음 중 무엇인가?

① ice caps   ② Bering Straits   ③ ocean levels
④ a land bridge   ⑤ Alaska

2 밑줄 친 turn과 같은 의미를 가진 것을 고르시오.

① change   ② order   ③ movement
④ turning   ⑤ No answer

3 The word corridor here means

① land bridge   ② pathway   ③ ocean levels
④ ice caps   ⑤ bridge

본문해석

75,000년 전에 세상은 지금보다 훨씬 추웠다. 큰 빙하기가 시작되었는데, 해가 갈수록 바다에서 끌어올려진 물은 거대한 얼음산들로 변했고, 이 얼음산들은 그 다음에 전 대륙으로 퍼져 나갔다. 이런 과정으로 인하여 바다의 수면은 극적으로 낮아졌다. 오늘날 56마일의 바다가 시베리아와 알래스카를 갈라놓고 있는 베링 해협 지대에 육교(land bridge)가 나타났다. 이따금씩 전문가들은 이 회랑 지대(corridor)가 초기 인간들이 아메리카 대륙으로 들어가기 위해 이용한 통로를 제공했다고 믿는다.

어휘연구

spread ⓥ 퍼지다, 펼쳐지다(= extend, expand, broaden) **emerge** ⓥ 나타나다, 벗어나다(= appear, come forth, come out) **corridor** ⓝ 회랑 지대(내륙국이 타국 영토를 통해 항구에 다다르는 좁고 기다란 지형) **pathway** ⓝ 통로, 작은 길(= path, narrow way) **in turn** 번갈아 가며, 차례로(= by turns, in order)

생명체의 수명

All living things do not enjoy the same lifespan. Scientists have discovered that the faster a living thing grows and moves during its life, the shorter its life will be. Animals producing many offspring will have shorter lives than those that produce only a few. Larger animals live longer than smaller ones. Some animals only live several weeks, while others can enjoy more than one hundred years.

1 다음 중 이 단락의 화제(topic)로 가장 적절한 것은?

① all living things ② lifespan ③ life
④ animals ⑤ offspring

2 이 단락의 중심 사상(main idea)이 들어 있는 문장을 찾아 써 보시오.

3 다음 중 밑줄 친 부분과 같은 뜻을 가진 단어는?

① origin ② well ③ cells
④ hot spring ⑤ children

본문해석

모든 생명체가 다 같은 수명을 누리는 것은 아니다. 과학자들은 어떤 생명체가 살아 있는 동안에 더 빨리 성장하고 더 빨리 움직일수록 그 생명이 더 짧아짐을 알아냈다. 자손을 많이 생산하는 동물들은 소수의 자손만을 생산하는 동물들보다 그 수명이 짧아질 것이다. 덩치가 큰 동물들이 덩치가 작은 동물들보다 더 오래 산다. 어떤 동물들은 불과 몇 주밖에 못 사는 반면, 다른 동물들은 백 년 이상 수명을 누릴 수도 있다.

어휘연구

lifespan ⓝ 수명(= lifetime) the more~, the more... ~할수록 더욱...하다 offspring ⓝ (단수, 복수 동형) 자손(= descendant ↔ ancestor, forefather)

13 식물과 동물의 공생

An interesting thing about plants is that they need carbon dioxide to live and grow. When the leaves use carbon dioxide to make sugar, another gas, called oxygen, is left over.

Because the plant can't use the oxygen, it lets the oxygen go—or we may say the plant throws it away.

Animals need oxygen to live. Their bodies use the oxygen, and what do you think they have left over? If you <u>guessed</u> carbon dioxide, you're right. When animals breathe out, they let the carbon dioxide go—or throw it away.

Now you can see, from this observation that plants and animals help each other by throwing away what the other needs.

*carbon dioxide 이산화탄소(탄산가스)   *carbon monoxide 일산화탄소(연탄가스)

1 이 글 전체의 주제(central idea or main idea)를 담고 있는 문장을 찾아서 우리 글로 옮겨 보시오.

2 다음 중 이 글의 주제와 관련해서 가장 연관성이 있는 사물끼리 모인 것은?
① Plants and leaves   ② Rain and water
③ Ants and plant lice   ④ Rock and sand
⑤ Rabbits and plants

3 The word <u>guess</u> in line 7 means

① look at ② observe ③ think
④ call ⑤ emerge

본문해석

식물과 관련하여 흥미 있는 한 가지 사실은 그들이 생존하고 성장하기 위하여 이산화탄소를 필요로 한다는 것이다. 잎이 설탕을 만들기 위해 이산화탄소를 이용할 때, 산소라 불리는 다른 가스가 남는다. 식물은 산소를 이용할 수 없기 때문에, 산소를 밖으로 나가게 한다 – 즉, 식물이 산소를 방출하는 것이라고 할 수 있다.

동물은 생존을 위해 산소를 필요로 한다. 그들의 몸은 산소를 사용한다. 그러면 그들은 무엇을 남기겠는가? 이산화탄소라고 생각했다면 정답이다. 동물이 숨을 내쉴 때, 그들은 이산화탄소가 밖으로 나가게 한다 – 즉, 그것을 방출한다.

이제 이 관찰을 통해서 당신은 식물과 동물이 상대방이 필요로 하는 것을 방출함으로써 서로 돕는다는 것을 알 수 있다.

어휘연구

oxygen ⓝ 산소 breathe ⓥ 숨 쉬다, 호흡하다(= respire, inhale and exhale) observation ⓝ 관찰, 관측(= examination, study) lice ⓝ (louse의 복수형) 이 **cf** plant lice 진딧물(= aphid) throw away 내던지다, 방출하다(= release, discharge) leave over ~을 남겨두다(= set aside, reserve) **cf** leftover 먹다 남은 음식, 쓰다 남은 물건

수분의 승화를 막는 방법

Other ecologists, working in the national forests, tried to develop a method of cutting timber to let more snow reach the ground. Their problem was to cut just enough trees to let more snow reach the ground, while at the same time leaving enough trees to keep the snow from melting too fast. Thus less water would escape to the air by sublimation. It would sink into the soil, where it would be used by the growing vegetation.

*ecologist 생태학자

1 What is the ultimate reason that the ecologists wanted to develop a method of cutting timber in the national forests? After carefully reading the passage, write down the answer in Korean.

2 다음 문장들 중 본문에 사용된 enough와 그 용법이 같은 것을 고르시오.
① She has done more than enough for him.
② The tree is long enough.
③ We have food enough for a picnic.
④ I am foolish enough to love her.
⑤ Be good enough to do so.

본문해석

다른 생태학자들은 국유림에서 일하면서 더 많은 눈이 땅까지 도달하게 하기 위해 벌목하는 방법을 개발하고자 노력했다. 그들의 문제점은 더 많은 눈이 땅에 도달하게 하기에 적당한 나무들만을 베어내는 한편, 동시에 눈이 너무 빨리 녹는 것을 막기에 충분한 나무들을 남겨 놓는 것이었다. 그렇게 되면 승화 작용에 의해 공기 중으로 날아가는 수분은 적어질 것이다. 수분은 땅속으로 가라앉을 것이며, 거기에서 성장하는 식물들에 의해 사용될 것이다.

어휘연구

timber ⓝ 목재, 관재(= lumber), 삼림 melt ⓥ 녹다, 용해하다(= fuse) sublimation ⓝ (화학) 승화작용 sink ⓝ 가라앉다(= fall in, go under) vegetation ⓝ (집합적) 한 지역의 식물 식생

15 딱따구리의 특징

Woodpeckers have several features that are especially useful to their way of life. Strong feet and sharp claws enable the birds to climb up and down tree trunks and to cling to bark. Most woodpeckers have two front toes and two hind toes, an arrangement that helps them to climb without falling backwards. Strong neck muscles propel the bird's head rapidly back and forth while it drills. Muscles on the head act as shock absorbers, protecting the skull from the impact of drilling.

*woodpecker 딱따구리

1 밑줄 친 an arrangement는 무엇을 말하는지 우리말로 설명하시오.

2 밑줄 친 protecting은 무엇이 축약된 구문인지 쓰시오.

3 다음 선택지 중 protect가 가지는 의미의 설명으로 적절하지 않은 것은?
① to help the sale of goods in one's own country by taxing foreign goods
② to keep safe from harm, or loss by guarding or covering
③ to forbid someone to do something by law or rule
④ to prevent something from being dangerous by separating
⑤ to guard someone against possible future loss, or damage

본문해석

딱따구리들은 그들의 생활 방식에 특히 쓸모 있는 몇 가지 특징들을 지니고 있다. 힘센 발과 날카로운 갈고리 발톱은 이 새들이 나무줄기를 오르내리고 나무껍질에 달라붙는 것을 가능하게 해 준다. 대부분의 딱따구리들은 두 개의 앞발가락과 두 개의 뒷발가락을 가지고 있는데. 이 배열은 그들이 뒤로 떨어지지 않고 나무를 오르도록 도와준다. 힘센 목 근육은 이 새가 구멍을 뚫는 동안 이 새의 머리가 앞뒤로 재빨리 움직이게 해 준다. 머리의 근육은 충격 흡수 장치 역할을 하며, 구멍을 뚫는 충격으로부터 두개골을 보호해 준다.

Teach Yourself

Punctuation I: comma(,)

comma는 그 사용 범위가 대단히 광범위한 구두점이다. 여기에서는 중요한 것 몇 가지만 기술하기로 한다.

1 등위접속사 and, but, or, nor, for, yet, so 등의 앞에 사용
- Debbie, Sue, and Janet have made the team.
- I hate Suzy, but you like her.

2 문장 중간에 구나 절을 삽입할 때 사용
- Dr. Brown, who likes to swim, hates rainy days. (부연 설명)
- Bill Clinton, the president of America, visited Korea yesterday. (동격 구문 삽입)

3 한 단어를 수식하는 형용사들 사이에 사용
- They were well-trained, strong horses.
  = They were well-trained and strong horses.

4 부가의문문과 직접인용문 앞에 사용
- you like her, don't you?
- I said, "Jackson likes Suzy."

5 종속절이 주절의 앞에 위치할 때 사용
- When he goes out, he takes his dog with him.

어휘연구

claw ⓝ (새 짐승의) 갈고리 발톱 cf bill (새 따위의) 부리 bark ⓝ 나무껍질 trunk ⓝ (나무의) 줄기(= stem, branch) absorber ⓝ 흡수하는 장치 cf shock absorber 충격 흡수 장치 impact ⓝ 영향(= influence, effect), 충격(= shock, crash, smash) cling to ~에 달라붙다(= stick to)

카멜레온의 생태

ⓐ A little lizard called the chameleon is pretty, graceful and friendly.
ⓑ They can't really change color when they want to.
ⓒ Not all lizards are the kind that scare you to look at them.
ⓓ But their skins do change from brown to green when there are changes in light and temperature.
ⓔ These tiny creatures help us by scampering around and eating harmful insects, which they catch with their long, sticky tongues.

*scamper (깡충거리며) 뛰어다니다

1 Rearrange the above sentences so that they constitute a well-ordered paragraph. (ⓔ is the last sentence of this paragraph.)

2 What is the topic of this passage?

3 다음 중 friendly와 품사가 같은 것을 고르시오.
① bodily   ② freely   ③ warmly
④ poorly   ⑤ fully

본문해석

ⓒ 도마뱀들이라고 모두 끔찍스럽게 보이는 것은 아니다. ⓐ 카멜레온이라고 불리는 작은 도마뱀은 예쁘고 우아하며 우호적이다. ⓑ 그들은 사실상 그들이 원할 때 색을 변화시킬 수 없다. ⓓ 그러나 빛과 온도의 변화가 있을 때 그들의 피부는 갈색에서 초록색으로 변한다. ⓔ 이 작은 동물들은 민첩하게 뛰어다니면서 해충을 잡아먹음으로써 우리를 도와주는데, 그들은 길고 끈적끈적한 혀로 해충을 잡는다.

어휘연구

lizard ⓝ 도마뱀 scare ⓥ 겁먹게 하다, 깜짝 놀라게 하다(= frighten, terrify) harmful ⓐ 해로운, 유해한(= injurious, hurtful, damaging) creature ⓝ 창조물, 피조물, (인간과 구별되는) 동물(= animal) sticky ⓐ 끈적끈적한(= gluey, adhesive, syrupy)

툰드라 지대의 생명체들

Along the northern border of North America, Europe, and Asia is a region of very low temperatures and slight precipitation; Much of the soil remains frozen throughout the year, though upper few centimeters melt for a few months during the summer. Temperatures are high enough to permit the growth of plant only during about 60 days of each year. Although few species are able to withstand this harsh environment, life is by no means rare in this arctic tundra.

*arctic tundra 북극 툰드라지대

1 Which of following is true according to this passage?

① Temperatures are very high for more than two months a year in this area.

② North America, Europe and Asia share a land among themselves.

③ Life is very rare in this area because the climate here is much too harsh.

④ The amount of snow is very rich here.

⑤ The number of species living here is rather few.

2 다음 중 서로 반대되는 의미를 가진 단어끼리 연결되지 않은 것은?

① slight – much ② permit – refuse

③ withstand – overcome ④ harsh – smooth

⑤ rare – common

본문해석

북아메리카, 유럽, 그리고 아시아의 북쪽 경계선을 따라 온도가 매우 낮고 강수량이 적은 지역이 위치한다. (이 지역에서는) 여름철 몇 달 동안 맨 윗부분의 몇 센티미터는 녹는다 하더라도, 토양의 많은 부분이 일 년 내내 언 채로 남아 있다. 온도는 매년 겨우 60일 정도만 식물의 성장을 허용할 만큼 높다. 비록 이 거친 환경을 견디어 낼 수 있는 생물은 거의 없지만, 이 북극 툰드라 지대에서도 생명이 보기 드문 것은 결코 아니다.

※ 1~2행의 Along the...slight precipitation은 도치된 문장이며, A region of...precipitation is along the...and Asia로 바꿀 수 있다.

어휘연구

slight ⓐ 얼마 안 되는(= little), 사소한(= trifling) precipitation ⓝ 강수량(= rainfall, snowfall) withstand ⓥ 견디어내다(= endure, overcome, tolerate) harsh ⓐ 가혹한(= severe, strict), 거친(= tough, rough) rare ⓐ 드문, 진귀한(= uncommon, unique, scarce) by no means 결코~아니다(= never, not at all)

알루미늄의 효용

Aluminum is a pale silver metal which is manufactured from bauxite ore. Unusually light, aluminum can be ⓐ<u>stretched</u> into almost any shape, and an object made from it weighs about one-third as much as the same object made from iron or steel. When ⓑ<u>alloyed</u> with other metals, aluminum becomes strong enough for the construction of buildings or airplane wings. Aluminum can also be stretched into thin gum wrappers or fine wire. Because of its conductivity and light weight, aluminum wire is frequently used to carry electric current. It is also rustproof, nonmagnetic, and nonsparking. It seldom needs to be painted or otherwise coated.

*bauxite ore 보크사이트 광석

1 What is the title which best expresses the main idea of the passage?

① Light but strong metal, aluminum
② Aluminum, conductivity and light weight
③ Noticeable flexibility of aluminum
④ Aluminum as a strong metal
⑤ None of the above

2 Choose the topic sentence of this paragraph and translate it into Korean.

3 밑줄 친 ⓐ와 ⓑ의 반의어로 각각 이루어진 것을 고르시오.

① expanded – mixed
② shrunk – severed
③ contradicted – united
④ extended – separated
⑤ None of the above

본문해석

알루미늄은 보크사이트 광석으로 만들어지는 광택이 별로 없는 은색 금속이다. 유별나게 가벼운 알루미늄은 거의 모든 모양으로 늘어날 수 있으며, 그것으로 만든 물체는 철이나 강철로 만든 물체의 1/3 무게가 나간다. 다른 금속들과 섞이면, 알루미늄은 건물이나 비행기 날개를 만들기에 충분할 만큼 강해진다. 알루미늄은 또한 얇은 껌 싸개나 미세한 전선으로 늘릴 수도 있다. 그것의 전도성과 가벼움 때문에, 알루미늄 전선은 빈번히 전류를 옮기는 데 사용된다. 그것은 또한 녹이 슬지 않고, 자성이 없고, 광채도 없다. 그것은 페인트칠을 하거나 아니면 표면 처리를 할 필요가 거의 없다.

※ It seldom needs to be painted or otherwise coated. → Seldom does it need to be painted or otherwise coated. 부정의 부사 seldom은 본동사와 꼭 붙어 있으려는 성질을 가지고 있기 때문에, 이를 문장의 앞으로 내밀면 조동사 또한 주어 앞으로 옮겨 주어야 한다.

어휘연구

pale ⓐ 창백한(= bloodless), 빛이 약한(= dim), 활기 없는(= faint) stretch ⓥ 늘어나다(= extend, expand, lengthen) alloy ⓥ 합금을 만들다(= mix, mingle) thin ⓐ 얇은(= slender, slim, lean ↔ thick, heavy) wrapper ⓝ 포장지, 포장 재료 conductivity ⓝ (열, 소리, 전류 등의) 전도성, 전도율 rustproof ⓐ 녹슬지 않는(= rust-resistant ↔ rusty) because of ~때문에(= owing to, due to, thanks to, on account of, as a result of)

19 과학 발전의 위협

Since World War II, Americans have debated the benefits of scientific progress. They have realized that ⓐscientific developments can endanger as well as help humankind. On the one hand, science and technology have given Americans a high standard of living, greater ⓑlongevity than ever before and exciting achievements in space exploration. On the other hand, science and technology have produced the dangers of radioactivity, toxic wastes, environmental disruptions and the threat of nuclear weapons.

Americans are responding to these concerns on a variety of fronts, including international arms control negotiations, environmental protection laws, development of long-term disposal sites in remote areas for nuclear wastes and creation of a "Superfund" program to clean up dangerous chemical waste sites that threaten health.

*radioactivity 방사능

1 밑줄 친 문장 ⓐ를 다음과 같이 완성하시오.

Not only _____.

2 Which of the following is not included in the efforts of Americans to get rid of the scientific disadvantages?

① Establishing laws for environmental protection
② Developing programs to clean up chemical wastes
③ Developing disposal sites for nuclear weapons
④ Developing programs to get rid of toxic wastes
⑤ All of the above

3 The underlined word ⓑ means

① length   ② width   ③ gravity
④ lifespan ⑤ altitude

본문해석

제2차 세계대전 이후, 미국인들은 과학의 진보가 주는 이익에 관해 토론해 왔다 그들은 과학 발전이 인류를 도울 수 있을 뿐만 아니라 위험에 처하게 할 수도 있다는 것을 인식했다. 한편으로, 과학과 기술은 높은 생활수준, 이전의 어느 때보다도 더 긴 수명, 그리고 우주 탐사에서의 흥미로운 업적을 미국인들에게 제공해 주었다. 다른 한편으로, 과학과 기술은 방사능, 유독성 폐기물, 환경 파괴 및 핵무기의 위협을 초래했다.

미국인들은 전 세계적 군축 협상, 환경 보호법, 벽지에 위치하는 핵폐기물 장기 처리 시설의 개발, 건강을 위협하는 위험한 화학 물질 폐기, 지역의 정화를 위한 "슈퍼 펀드" 계획의 설립 등을 비롯한 다양한 분야에 대한 관심사에 대응하고 있다.

어휘연구

benefit ⓝ 이익(= advantage, profit, gain) endanger ⓥ 위험에 빠뜨리다(= imperil, menace, put in danger) longevity ⓝ 수명(= lifespan), 장수 toxic ⓐ 유독한(= poisonous, noxious) threat ⓝ 위협 (= warning menace) front ⓝ 전선(= forward), 방향 negotiation ⓝ 협상(= bargaining, agreement) disposal ⓝ 처분, 정리 배치 ⓐ variety of 다양한(= various, numerous, many) clean up 청소하다, 청산하다

인식의 황혼 지대

For many years, scientists and artists have wondered how to prolong the "twilight zone" of human consciousness. This is the brief period of five or ten minutes when a person lies in bed neither fully awake nor fully asleep yet capable of creative insights and special learning processes which are impossible at other times. Now with the aid of an electromyograph (EMG) and a new device called a Twilight Learner, people can be taught to maintain the twilight state almost indefinitely, so they can also assimilate special kinds of information. The Twilight Learner has been used to teach students foreign language, to help obese patients reduce, to encourage chain smokers and alcoholics to give up their habits, and to cure neurotic patients or their anxieties.

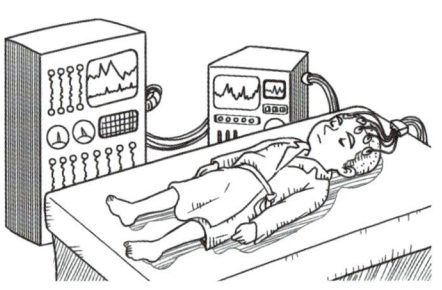

*electromyograph 근전계(전기 자극에 대한 근육의 반응을 기록하는 기계)

1 What does the underlined *this* in line 2 indicate?

2 What does the "twilight zone" mean? Explain it in Korean.

3 Which of the following can replace the underlined *indefinitely* in this context?

① uncertainly ② vaguely ③ endlessly
④ ambiguously ⑤ inexactly

본문해석

오랫동안 과학자들과 예술가들은 인간의 의식의 "황혼 지대"를 연장시키는 방법을 궁리했다. 이것은 사람이 완전히 깨어 있지도 않고 완전히 잠들어 있지도 않은 상태이지만, 다른 시간에는 불가능한 창조적 통찰력과 특별한 학습 과정들을 행할 수 있는 상태로 잠자리에 들어 있는 5분 내지 10분 정도의 짧은 기간이다. 이제 근전계와 황혼 학습기라 불리는 새로운 장치의 도움으로, 거의 무한정으로 황혼 상태를 유지하도록 사람들을 지도할 수 있으며, 그래서 그들은 또한 특별한 종류의 정보들을 소화해 낼 수 있다. 황혼 학습기는 학생들에게 외국어를 가르치고, 비만증 환자들이 체중을 줄이도록 돕고, 줄담배를 피우는 사람들과 알코올 중독자들이 습관을 버리도록 격려해 주고, 노이로제 환자들이 그들의 불안을 치료하도록 하는 데 이용되고 있다.

어휘연구

wonder ⓥ 이상하게 여기다, 의심하다(= doubt, question, ponder) prolong ⓥ 늘이다, 연장하다(= extend, lengthen, stretch) twilight ⓝ 황혼, 땅거미(= sundown, dusk, sunset) consciousness ⓝ 의식, 인식(= awareness, knowledge, concern) insight ⓝ 통찰력(= understanding, perception) indefinitely 무기한으로, 무한정(= endlessly), 막연하게(= vaguely) assimilate ⓥ 동화하다, 흡수하다(= absorb, integrate) obese ⓐ 살찐, 뚱뚱한(= fat, heavy, overweight) neurotic ⓐ 신경의, 노이로제의

정답해설 UNIT 2 과학·생태

11 베링해협

1. ④ ⇒ 빙하기의 도래로 물이 얼어붙으면서, 베링 해협의 수면이 낮아지고 아시아와 아메리카 대륙을 잇는 육교(land bridge)가 나타났다.
2. ② ⇒ turn은 네 가지 뜻을 모두 가지고 있지만, 여기에서는 order, 즉 차례의 뜻으로 쓰였다.
3. ① ⇒ this corridor의 this는 지시형용사임을 생각한다.

12 생명체의 수명

1. ② ⇒ 단락 전체에서 다루는 내용이 생명체들의 수명(lifespan)에 관한 것이므로, 화제는 lifespan임을 알 수 있다.
2. All living things do not enjoy the same lifespan. ⇒ 단락의 첫 문장에서 '생명체마다 수명이 다르다'는 전제를 주고, 나머지 문장들은 첫 문장을 보충 설명해 주고 있다. 전체 단락에 대한 작가의 일반적 견해는 첫 문장에 요약되어 있으므로, 첫 문장이 곧 글의 화제문이면서 동시에 main idea를 담고 있음을 알 수 있다.
3. ⑤ ⇒ hot spring 온천, well 우물

13 식물과 동물의 공생

1. 마지막 문장: 식물과 동물은 상대방이 필요로 하는 것을 방출함으로써 서로 돕는다. ⇒ 이 글은 식물과 동물의 공생에 대하여 다루었으며, 주제는 마지막 문장에서 직설적으로 표현되고 있다.
2. ③ ⇒ 개미와 진딧물은 공생한다.
3. ③ ⇒ emerge 나타나다

14 수분의 승화를 막는 방법

1. 수분(또는 물)이 공기 중으로 날아가는 것을 막는 것.
2. ③ ⇒ ①에서는 명사로, ②에서는 부사로, ③에서는 food를 수식하는 형용사로, ④에서는 부사로, ⑤에서도 부사로 사용되었다.

15 딱따구리의 특징

1. 두 개의 앞발가락과 두 개의 뒷발가락을 가지고 있는 딱따구리의 신체 구조
2. and they protect
3. ③ ⇒ 나머지는 모두 '보호하다'의 뜻이지만, ③은 '금지하다'의 뜻이다.

16 카멜레온의 생태

1. ⓒ - ⓐ - ⓑ - ⓓ - ⓔ
2. the chameleon
3. ① ⇒ 〈명사 + -ly〉: 형용사, 〈형용사 + -ly〉: 부사

17 툰드라 지대의 생명체들

1. ⑤ ⇒ ①은 very high와 more than two months에 문제가 있고, ②는 북아메리카와 유럽, 아시아 대륙이 서로 토지를 공유하지 않고 바다를 끼고 있으므로 답이 될 수 없다.
2. ③ ⇒ ③은 비슷한 말끼리 연결되었고, 나머지는 반대말끼리 연결되었다.

18 알루미늄의 효용

1. ⑤ ⇒ 이 글은 알루미늄의 여러 가지 효용에 관해 기술한 단락으로서, ①, ②, ③, ④는 모두 그 효용들 중 일부만을 언급했으므로 답이 될 수 없다. 이 글의 제목으로는 'Various uses for aluminum' 정도가 좋을 것이다.
2. 알루미늄은 보크사이트 광석으로 만들어지는 광택이 별로 없는 은색 금속이다. ⇒ 이 글은 화제문이 첫 문장에 위치하는 전형적인 단락이다. 화제문에서 알루미늄에 대해 언급해 놓고, 그 다음부터는 알루미늄의 효용에 관하여 언급하고 있다.
3. ② ⇒ stretch(= expand, extend ↔ shrink, contradict), alloy(= mix, unite ↔ sever, separate)

19 과학 발전의 위협

1. Not only can scientific developments help humankind, but they can (also) endanger humankind. ⇒ not only A, but also B = B as well as A. not only가 주어 앞으로 나가 있으므로 주어와 조동사의 위치가 도치되어야 한다. 또한 A와 B의 위치가 바뀌는 것에도 유념해야 한다.
2. ③ ⇒ 본문의 내용상, 핵무기는 군축(arms control) 협상의 대상이지 폐기 지역 개발의 대상이 아니다.
3. ④ ⇒ lifespan은 '수명' 또는 '장수'의 의미로 사용되며, gravity는 '중력'을, altitude는 '고도'를 나타낸다.

20 인식의 황혼 지대

1. twilight zone
2. 사람이 완전히 깨어 있지도, 완전히 잠들어 있지도 않은 상태이지만 다른 시간에는 불가능한 창조적 통찰력과 학습 과정들을 행할 수 있는 상태로 잠자리에 들어 있는 5분 내지 10분 정도의 짧은 기간.
3. ③ ⇒ indefinitely는 '막연하게, 불확실하게'의 의미도 가지고 있지만, 이 글에서는 '무기한으로, 끊임없이'라는 의미로 사용되었다.

UNIT 3

사회
Society

Reading Test **21** 행동과 태도 사이의 모순

Reading Test **22** 인디언 보호 구역

Reading Test **23** 베트남 선상 난민

Reading Test **24** 배움과 지혜의 관계

Reading Test **25** 철학자의 사회 공헌 방법

Reading Test **26** 활동적 가족의 등장

Reading Test **27** 미합중국의 시간대(time zones)

Reading Test **28** 농업 혁명의 영향

Reading Test **29** 집안이 갑자기 가난해져서

Reading Test **30** 숙박료가 비싼 서울

21 행동과 태도 사이의 모순

LaPiere, a white professor, traveled all over the United States in 1934 with his wife and a young Chinese student. They stopped at 66 hotels and at 184 restaurants. All <u>but</u> one of the hotels gave them rooms, and they never refused service at restaurants. Sometime later a letter was sent to these establishments asking whether they would accept Chinese as guests. (There was a strong anti-Chinese bias in the United States at that time.) Ninety-two percent said <u>they would not.</u>

LaPiere interpreted these findings as reflecting a major inconsistency between behavior and attitudes. Almost all the owners behaved in a tolerant fashion, but they expressed an intolerant attitude when questioned by letter.

1 The title that best expresses the maid idea of this passage is

① Traveling All over the United States
② A Strong Anti-Chinese Bias in the U.S. in 1930s
③ Inconsistency Between Behavior and Attitudes
④ A Tolerant Fashion of the Owners of the Hotels and Restaurants
⑤ A Letter Sent to Hotels and Restaurants

2 밑줄 친 부분을 완전한 문장으로 만드시오.

they would not _____.

3 The underlined but in line 3 means
① however   ② except   ③ almost
④ nevertheless   ⑤ with

본문해석

백인 교수인 라피에르는 1934년도에 자신의 아내와 젊은 중국인 학생 1명을 동반하고 미국 전역을 여행했다. 그들은 66개의 호텔과 184개의 음식점을 들렀다. 하나를 제외한 모든 호텔들이 그들에게 방을 내주었고, 음식점들은 결코 봉사를 거부하지 않았다. 얼마 후 이 업소들 앞으로 그들이 중국인을 손님으로 받아 줄 것인지를 묻는 편지가 한 통 보내졌다. (그 당시 미국에는 강한 반중국적 편견이 있었다.) 92 퍼센트는 그러지 않을 것이라고 응답했다.

라피에르는 이 조사 결과들을 행동과 태도 사이의 중요한 모순을 반영해 주는 것이라고 해석했다. 거의 모든 업주들이 관대하게 행동했지만, 편지로 질문을 받았을 때에는 참을성 없는 태도를 보여 주었다.

어휘연구

establishment ⓝ 설립, (기존의) 시설물 또는 업소, 기득권층 anti- pref 반대, 대항, 배척의 뜻을 가진 접두사 bias ⓝ 편견(=prejudice) inconsistency ⓝ 모순, 불일치(= contradiction, illogic, discrepancy) tolerant ⓐ 관대한(= generous), 참을성 있는(= patient) stop at ~에 들르다(= drop by), 머무르다(= stay at, remain)

22 인디언 보호 구역

In 1786, the U.S. government began to establish Indian reservations, large areas of land where the Indians could live apart from the white people. But as the white people's desire for land continued to grow, the reservations became smaller and smaller. Furthermore, in most cases, the land reserved for the Indians was so poor and <u>arid</u> that the Indians did not want. Today, although Indians may choose where they want to live, most of them remain on the reservations. Lacking education and survival skills, they are poorly equipped to begin a new life in the city.

1 What is the topic of this story?

① Indian reservations
② White people's desire for land
③ Life of American Indians
④ A new life in the city
⑤ The reason why Indian reservation were made

2 Write down the reason why most of the Indians want to remain on the reservations.

3 다음 선택지 중 밑줄 친 <u>arid</u>와 의미상 전혀 관련이 없는 것은?

① infertile ② barren ③ unproductive
④ abundant ⑤ dry

본문해석

1786년도에, 정부는 인디언들이 백인들과 따로 떨어져 살 수 있는 광활한 지역들, 즉 인디언 보호구역들을 설립하기 시작했다. 그러나 백인들의 땅 욕심이 계속 커짐에 따라 보호 구역들은 더욱더 작아졌다. 더군다나, 거의 모든 경우에, 인디언들을 위해 남겨진 땅은 불모지인 데다 메말라서 인디언들이 원하지 않았다. 오늘날 인디언들은 그들이 살고 싶은 곳을 선택할 수 있음에도 불구하고, 그들의 대부분은 보호 구역에 남아 있다. 교육과 생존 기술의 부족으로 말미암아, 그들은 도시에서 새로운 삶을 시작할 준비를 제대로 갖추지 못하고 있다.

어휘연구

establish ⓥ 설립하다, 세우다(= set up, organize, build, erect) furthermore ⓐⓓ 더군다나(= in addition, moreover) reservation ⓝ 보류, 보호 지역(= reserve), 예약(= booking) arid ⓐ 건조한(= dry, moistureless), 불모의(= barren, infertile) survival ⓝ 생존(= existence) equip ⓥ 갖추게 하다(= prepare, get ready)

베트남 선상 난민

The 19-year-long exodus of Vietnamese "boat people," most of whom were given special treatment, has now been declared over. Those fleeing Vietnamese were once assumed to be political refugees and were generally granted at least temporary asylum automatically.

But now, with changes in the government and economy of Vietnam, U.N. refugee officials have ruled that Vietnamese should get no special treatment. "They cannot be treated differently (ⓐ) other groups of asylum-seekers any longer." Ms. Ogata, United Nations High Commissioner for Refugees, said. She cited "generally positive trends" of development in Vietnam.

About 60,000 "boat people" remain in camps in Asia, and most of them have been determined to be economic migrants rather (ⓑ) political refugees. They will be returned to Vietnam, even against their will.

*asylum 수용소, 보호소, 망명처

1 The title that best expresses the main idea of this selection is

① Special Treatment for Vietnamese Refugees
② Political Refugees from Vietnam
③ Vietnamese Refugees Gaining Much More Special Treat
④ Vietnamese Refugees Want to Return to Home Country
⑤ Vietnamese Refugees Lose Special Status

2 Which of the following is not true?

① U.N. does not want to give asylum to Vietnamese refugees any more.
② There are only 60,000 Vietnamese refugees in the world.
③ Vietnamese refugees will be returned to their home country.
④ These refugees are now thought as economic migrants.
⑤ The history of "boat people" began 19 years ago.

3 다음 중 나머지 단어들과 의미가 다른 것을 하나만 고르시오.
① flee   ② escape   ③ avoid
④ run away   ⑤ abscond

4 다음 중 괄호 ⓐ, ⓑ에 들어갈 알맞은 단어들로 짝지어진 것은?
① from − than   ② with − than   ③ than − as
④ with − as   ⑤ than − than

본문해석

난민의 대부분이 특별 대우를 받았던 '선상 난민들'의 장장 19년에 걸친 대 탈주는 이제 끝난 것으로 천명되었다. 베트남을 탈출한 사람들은 한때 정치 난민들로 여겨져서 적어도 자동적으로 임시 거처를 부여 받는 것이 일반적이었다.

그러나 이제, 베트남 정부 및 경제의 변화로, UN의 난민 대책 관리들은 베트남인들이 어떠한 특별 대우도 받을 수 없다고 규정했다. "그들은 더 이상 피난처를 구하는 다른 무리의 사람들과 구별된 대우를 받을 수 없다." UN의 난민 대책 고위 책임자인 오가타 씨는 말했다. 그녀는 베트남에서 전개 되고 있는 '일반적으로 긍정적인 추세'를 언급했다.

아시아에는 60,000명 정도의 '선상 난민들'이 남아 있으며, 그들의 대부분은 정치 난민들이라고 하기보다는 경제적 이주민들로 결정되었다. 그들은 심한 경우 그들의 의사와 관계없이 베트남으로 돌려보내질 것이다.

어휘연구

exodus ⓝ (이민 따위의) 출국(= departure, leaving), 대 탈주(= escape, flight) declare ⓥ 선언하다, 공표하다(= announce, state, publish) flee ⓥ 도망가다, 탈출하다(= escape, run away) refugee ⓝ 피난자, 망명자(= exile, escapee, evacuee) temporary ⓐ 일시적인, 임시의(= momentary, provisional) positive ⓐ 긍정적인(= affirmative ↔ negative) trend ⓝ 방향(= fashion), 경향, 추세(= tendency, inclination) migrant ⓝ 이주자, 철새 cf immigrant (외국에서 들어오는) 이민자 emigrant (외국으로 나가는) 이민자

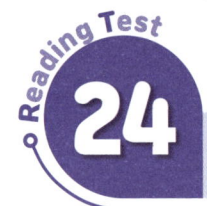

배움과 지혜의 관계

Just because a person cannot read or write, it does not mean that he is stupid. Very often there is no connection ⓐ knowing how to read and write and intelligence. Take the Chinese, for example.

I have lived in China for many years and have many many friends there who cannot read and cannot write — yet they are wise. Here in America, there are people who, although they read newspaper and books, do not learn much that is worthwhile ⓑ what they read. Knowing how to read does not mean knowing how to think. Wisdom is an important part of civilization — the Chinese have wisdom.

1 빈칸 ⓐ와 ⓑ에 알맞은 단어는?

① among, upon   ② between, from   ③ between, upon
④ among, to   ⑤ between, to

2 이 글의 요지(또는 중심 사상)를 우리말로 쓰시오.

3 다음 중 뜻의 연결이 잘못된 것은?

① stupid: silly or foolish, either generally or in a certain action
② intelligence: good ability to learn and understand
③ connection: the act of joining or thinking of as related
④ wisdom: ability to understand what happens and decide on the right action
⑤ illiterate: unable to hear and see

본문해석

어떤 사람이 읽고 쓰지 못한다는 이유만으로 그가 어리석다고 할 수는 없다. 읽고 쓰기를 아는 것과 지능 사이에는 아무런 연관성도 없는 것은 매우 흔한 일이다. 중국인을 예로 들어 보자.

나는 여러 해 동안 중국에서 살았으며, 읽고 쓰지는 못하는 – 그러나 현명한 아주 많은 친구들을 거기에 두고 있다. 여기 미국에는, 비록 신문과 책을 읽는다고 하더라도, 그들이 읽는 것으로부터 가치 있는 것을 많이 배우지 못하는 사람들이 있다. 읽는 방법을 아는 것이 곧 생각하는 방법을 아는 것을 의미하지는 않는다. 지혜는 문명의 주요 부분이며 – 중국인들은 지혜를 지니고 있다.

Teach Yourself

tuation II: dash(–)

dash는 주로 격식을 차리지 않는(informal) 글에서 많이 사용되는 부호이다. 격식을 따지는 글에서는 콜론, 콤마, 괄호 등이 dash를 대신하는 경우가 많다.

1 앞에서 언급한 사실에 대한 목록이나 부연 설명에 사용
- She bought several items at the market – a fish, a knife and two onions.
  → 목록, 콜론과 대치 가능하다.
- Suddenly I knew where I was – Seoul
  → 부연 설명, 콜론과 대치 가능하다.

2 앞에 언급한 사실에 대한 목록이나 부연 설명이 문장의 중간에 삽입될 때에는 일반적으로 삽입구(절)의 양쪽에 comma를 사용한다. 그러나 이미 많은 comma를 가지고 있는 목록을 중간에 삽입할 때는 comma보다 양쪽 dash를 사용하는 것이 시각적으로 구분을 쉽게 해 준다.
- Food high in protein – meats, fish, eggs, and cheese – should be a part of one's daily diet.
  → comma를 사용하는 것보다 시각적으로 구분이 쉽다.

3 연관된 일련의 구나 절을 요약할 때 사용
- Noam Chomsky, Morris Halle, Roman Jacobson – these are among America's most prominent linguists.
  노암 촘스키, 모리스 할레, 로만 제이콥슨 – 이 사람들은 미국의 가장 저명한 언어학자들에 속한다.

어휘연구

connection ⓝ 연관(성), 관련(= relation, relevance) intelligence ⓝ 이해력, 지능(= comprehension) stupid ⓐ 어리석은, 멍청한(= dull, foolish, idiotic, silly) worthwhile ⓐ 가치 있는(= useful, valuable ↔ worthless)

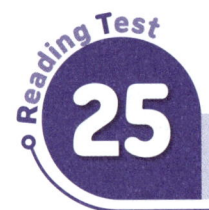

철학자의 사회 공헌 방법

Among the men and women who have contributed to human business, advancement and welfare, must be included philosophers as well as statesmen, inventors, scientists and leaders of industry. A philosopher helps people to seek truth and to inquire what are the most worthwhile things that life affords. This is the way in which Ralph Waldo Emerson contributed to the greatness of America.

1 윗글의 주요 내용을 다음과 같이 나타내고자 한다. 빈칸 ⓐ, ⓑ, ⓒ에 알맞은 단어를 넣어보시오.

> Ralph Waldo Emerson is a _____ⓐ_____ who _____ⓑ_____ to his country by _____ⓒ_____ people to seek truth and to inquire what are the most beautiful things.

2 윗글에 사용된 include와 대체할 수 있는 단어를 고르시오.
① contain ② conclude ③ compound
④ exclude ⑤ omit

본문해석

인간의 사업, 진보, 복지에 공헌하는 사람들 중에는 정치가, 발명가, 과학자, 산업 지도자들뿐만 아니라, 철학자들도 포함되어야 한다. 철학자는 사람들이 진리를 찾도록 해 주고, 삶이 수행할 수 있는 가장 가치 있는 것들이 무엇인지를 성찰하게 해 준다. 이것이 랄프 왈도 에머슨이 미국의 위대함에 이바지했던 방법이다.

※ 본문 첫 문장은 도치되어 있으며, philosophers as~industry까지가 주어부에 해당된다.

어휘연구

ontribute ⓥ 이바지하다(= serve), 기부하다(= donate) welfare ⓝ 복지 번영(= well-being ↔ ill-being) include ⓥ 포함하다, 담고 있다(= contain, involve) statesman ⓝ 정치인(= a political or government leader) philosopher ⓝ 철학자 inquire ⓥ 질문하다(= ask, question), 조사하다(= look into)

활동적 가족의 등장

In place of the traditional family has come the activist family, in which ⓐ<u>each member</u> spends the majority of his time outside the home "participating." Clubs, committees, and leagues devour the time of the individual so that family activity is extremely limited. Competition among clubs is predicated upon the proposition that ⓑ<u>each member</u> should bring his family into its <u>sphere</u>. Thus Boy Scouts, PTA, the YMCA, the country clubs and all activities compete for total family participation although they demand entry of only one member of the family.

*PTA(Parent Teacher Association) 사친회

1 밑줄 친 ⓐ와 ⓑ는 각각 무엇의 구성원을 가리키는지 답하시오.

2 다음 중 밑줄 친 <u>sphere</u>와 문맥(context)상 같은 말을 뜻을 지닌 것을 고르시오.

① ball　　　② planet　　　③ globe
④ domain　　⑤ star

3 According to the context, which of the following is not possible?

① Most social groups want families to use their time for understanding between family members.
② Many groups outside the home deprive the activist family of its own time.
③ Emergence of activist family lessens the conversation among family members.
④ Most groups want a family member to spend his time in the group.
⑤ Many groups want family-scale participation in their events.

본문해석

전통적인 가족 대신에 가족 구성원 각자가 집 밖의 '행사 참석'에 자기 시간의 대부분을 보내는 활동적 가족이 등장했다. 클럽, 위원회, 연맹들이 개인의 시간을 지나치게 빼앗아 가기 때문에 가족 활동은 극도로 제한된 상태이다. 클럽들 사이의 경쟁은 각 회원이 자기 가족을 클럽의 영역으로 데려온다는 명제에 근거를 두고 있다. 그러므로 보이 스카우트, 사친회, YMCA, 컨트리클럽 및 모든 활동들은, 그들이 비록 가족의 구성원 한 명만을 요구한다 하더라도, 가족 전체의 참석을 위해 경쟁한다.

※ 첫 문장은 도치된 문장으로서, 문장의 주어부인 **the activist family** 이하가 지나치게 길기 때문에 동사구 **has come** 뒤로 돌려놓았다.

Teach Yourself

- **It is + to부정사 구문에 사람의 성격을 나타내는 형용사가 사용될 경우**

It is + to부정사 구문에 사람의 성격을 나타내는 형용사(kind, clever, wise, brave, good, foolish, careless, sensible 등)가 사용되면 전치사 for 대신 of가 사용되는데 그 이유는 무엇일까? 다음 문장들을 보면서 설명해 보자.

1) It is kind of you to help him.
2) It is necessary for you to help him.

1)의 of는 그 자체에 '소유'의 의미를 가지고 있으므로 you가 to부정사의 의미상 주어이면서 동시에 앞에 오는 형용사 kind가 you와 밀접하게 관련된 것임을 나타낸다. 그러나 2)의 for는 you가 to부정사의 의미상 주어임을 보여 줄 뿐 특별한 의미를 갖지 않는다.
또한 It is~of + to부정사 구문과 It is~for + to부정사 구문을 that절로 바꾸어 보면 두 구문 사이에 얼마나 큰 의미의 차이가 있는지 알게 된다.

1) It is kind that you help him. (자발적) ⇒ 당신이 그를 (자발적으로) 도와주다니 친절하군요.
2) It is necessary that you (should) help him. (비자발적) ⇒ 당신은 (당신의 의지와 관계없이) 그를 도와주어야만 한다.

겉모양은 비슷한 두 문장이지만, 속뜻에는 큰 차이가 있음을 알 수 있다. 또한 1)과 같이 사람의 성격을 나타내는 형용사가 사용될 경우에는 의미상 주어를 표시할 때 전치사 of를 써야 한다는 것도 알 수 있다.

어휘연구

traditional @ 전통적인(= conventional), 인습적인(= habitual) **committee** ⓝ 위원회(= board, bureau, cabinet, chamber) **league** ⓝ 연맹, 동맹(= association, alliance, union) **devour** ⓥ 게걸스럽게 먹다(= swallow, absorb, consume) **compete** ⓥ 경쟁하다, 겨루다(= contend, rival) **proposition** ⓝ 명제(= premise) **entry** ⓝ 입장(= entrance), 등록(= admission) **in place of** ~대신에(= instead of, on behalf of) **be predicated on** ~에 근거(기반)를 두다(= be based on, be founded on)

미합중국의 시간대(time zones)

The United States is divided into four time zones—Pacific, Mountain, Central and Eastern. There is a three-hour time difference between Pacific Time and Eastern Time. For example, Eastern is 2:30 in the afternoon when Pacific is 11:30 in the morning. Half the year the country is on Standard Time. The other half of the year—April through October—most of the country is on Daylight Saving Time or "fast time." In most states clocks are <u>set</u> ahead one hour on the last Sunday in April to take advantage of the extra hours of daylight.

*Daylight Saving Time 일광 절약 시간

1 본문을 잘 읽고 다음 문장의 괄호 안에 알맞은 숫자와 단어를 써 넣으시오.

11 o'clock in the morning in Pacific before Daylight Saving Time is adapted will be the same as (　) o'clock in the (　) in Eastern after it is adapted.

2 밑줄 친 set과 같은 의미의 set을 가진 문장을 고르시오.

① The sun has <u>set</u>.
② They <u>set</u> the slaves free.
③ He <u>set</u> the camera for a long-distance shot.
④ The boat <u>set</u> us on the shore.
⑤ She <u>set</u> a lamp on the table.

본문해석

미합중국은 네 개의 시간대 – 즉, 태평양, 산악, 중부, 동부로 나누어져 있다. 태평양 시간대와 동부 시간대 사이에는 세 시간의 차이가 있다. 예를 들어 태평양이 오전 11시 30분일 때 동부는 오후 2시 30분이 된다. 6개월 동안 미국은 표준 시간을 사용한다. 나머지 6개월 – 4월부터 10월까지 – 동안은 나라의 대부분이 일광 절약 시간, 즉 '빠른 시간'을 사용한다. 대부분의 주가 여분의 일광 시간들을 이용하기 위해 4월의 마지막 일요일에 시계를 한 시간 앞으로 조정한다.

Teach Yourself

- **제한절과 비제한절의 차이점**

  1 형식상의 차이
  ① 제한절은 앞에 있는 명사(구)를 수식하며, who나 that으로 시작된다.
  - Rabbit is an animal *that* does not eat meat.

  ② 비제한절은 앞에 있는 명사(구)를 부연 설명하며, who나 which로 시작된다. 선행명사와 비제한절 사이에는 comma를 둔다.
  - The watch, *which* you gave me, is very correct.

  2 의미상의 차이 다음 예문과 함께 의미상의 차이를 살펴보자.
  - The sister *whose car I am driving* left for Korea last month.
  - The sister, *whose car I am driving*, left for Korea last month.

  첫 번째 문장은 '여러 명의 누이들 중에서 내가 그녀의 차를 지금 사용하고 있는 누이'라는 의미이고, 두 번째 문장은 이 말을 하기 전에 '이미 언급했던 그 누이'인데 '지금은 내가 그녀의 차를 사용 중'이라는 의미이다.

어휘연구

zone ⓝ 지대, 지역(= district, area) extra ⓐ 여분의, 잉여의(= spare, additional, excess, surplus) take advantage of ~을 이용하다(= use, make use of)

28 농업 혁명의 영향

  This agricultural revolution profoundly affected Native American life. Those who engaged in farming became more sedentary. They constructed villages and ordered their religious beliefs around such elements of nature (ⓐ) the sun and rain. With dependable food supplies, they had more children, resulting in a population explosion. Work roles became differentiated by gender. Men still hunted and fished for game, and they also prepared the fields for crops. When not caring (ⓑ) children, women did the planting, weeding, and harvesting.

1 What is the best title for this passage?

① Farming in Native American Life
② Agricultural Development and Population Explosion
③ The Explosion of Agricultural Economy
④ Work Roles Between Men and Women
⑤ The Influence of Agricultural Revolution

2 According to the passage, men still hunted and fished for game after agricultural revolution

① because they still lacked food.
② since women couldn't hunt of fish by nature.
③ because of differentiated work roles by gender.
④ since hunting and fishing is a kind of privilege for men.
⑤ None of the above

3 괄호 ⓐ, ⓑ에 각각 알맞은 단어로 연결된 것을 고르시오.

① and – for   ② as – for   ③ and – of
④ in – by   ⑤ as – of

본문해석

이 농업 혁명은 아메리카 원주민의 생활에 깊은 영향을 주었다. 농사에 종사하는 사람들은 더욱 더 한 곳에 정착하게 되었다. 그들은 마을을 건설하고 해와 비 같은 요소들에 그들의 신앙심을 부여했다. 충분한 식량의 공급으로 인하여 그들은 더 많은 아이들을 가지게 되었고, 이는 인구 폭발을 야기했다. 일의 역할은 성에 의해 구분되었다. 남자들은 여전히 사냥과 어로를 행하였으며, 그들은 또한 농작물을 심기 위해 밭을 일구었다. 여성들은, 아이들을 돌보지 않을 때, 곡식을 심고 잡초를 제거하고 곡식을 거둬들였다.

어휘연구

profoundly ad 깊이, 심오하게(= deeply, fully ↔ partially) **sedentary** a 앉아서 일하는, 정착한(= settled ↔ migratory) **dependable** a 의지할 만한(= reliable, trustworthy) **explosion** n 폭발(= blast), 폭발적 증가(= boom) **gender** n 성(= sex) cf **masculine gender** 남성, **feminine gender** 여성 **weed** v 잡초를 제거하다(= uproot, clear) **engage in** ~에 종사하다(= be working in, follow, attend to)

29 집안이 갑자기 가난해져서

Two years ago, I was a typical 19-year-old college student back home in Houston for summer vacation, looking for employment. The daughter of a surgeon, I had never given my family's financial situation a thought. Money wasn't discussed in our home, and I'd always assumed that I could have anything I wanted. All I had to do was ask daddy.

But that summer my parents announced to my brothers and me that they could no longer afford <u>lots of</u> things—including the $ 21,000 tuitions for the private college I'd been attending. I'd had a blast there; my friends and I used to call it "Life-styles of the rich and aimless." Thanks to some bad financial advice, my family was suddenly poor and I was in dire need of work, to pay for tuition at a local college as well as expenses.

1 본문을 자세히 읽고, 아래의 빈칸에 들어갈 알맞은 단어들을 본문에서 찾아 써 넣으시오.

Originally, the author of this story was a member of a ⓐ_____ family, and she didn't experience any ⓑ_____ problems before her family became poor owing to wrong ⓒ_____ advice. That summer, however, she had to ⓓ_____ ⓔ_____ a job to pay for college tuition and expense since her parents could not afford lots of things any ⓕ_____.

2 윗글에서 작가가 하고 싶은 말을 가장 짧게 줄이려 한다. 두 문장만을 남기고 다른 문장들을 모두 없앤다면 결국은 어떤 문장들이 남아야 하는지 찾아 써 보시오.

3 밑줄 친 <u>lots of</u> 와 같은 의미로 대신 사용될 수 없는 것은?

① many   ② a number of   ③ much
④ a lot of   ⑤ numerous

본문해석

2년 전 나는 여름 방학 동안 휴스턴의 집으로 돌아온 전형적인 19세의 대학생으로서, 일자리를 찾고 있었다. 외과 의사의 딸이었던 나는 우리 집안의 자금 사정을 전혀 염두에 둔 적이 없었다. 우리 집에서는 돈 문제를 논의한 적이 없었으며, 나는 항상 내가 원하는 것을 가질 수 있다고 생각했다. 내가 해야 하는 일은 단지 아버지께 부탁하는 것이었다.

그러나 그해 여름, 나의 부모님은 내 남자 형제들과 나에게 당신들께서는 내가 다니던 사립대학 납입금 21,000달러를 포함해서 많은 것들을 더 이상 해 줄 수가 없다고 말씀하셨다. 나는 거기에서 타격을 받았다. 나의 친구들과 나는 그것을 '부유하고 목적이 없는 사람들의 생활 방식'이라고 부르곤 했었다. 어떤 잘못된 재정적 조언 덕분에, 나의 가족은 갑자기 가난해졌으며, 생활비는 물론 지방 대학 수업료를 지불하기 위하여 나는 일자리를 절실히 필요로 하게 되었다.

어휘연구

typical ⓐ 전형적인(= archetypical) surgeon ⓝ 외과의사 **cf** sergeant (군인) 하사관 **cf** physician 내과의사, physicist ⓝ 물리학자 announce ⓥ 공표하다(= declare, proclaim, make public) blast ⓝ 폭풍, 타격 dire ⓐ 절박한(= urgent, desperate) tuition ⓝ 학비, 납입금 give a thought 마음 쓰다, 염려하다

숙박료가 비싼 서울

It's no surprise that Seoul is one of the most expensive city to stay in, because we've always heard about the news in Korea. But just how much expensive is it? According to the report by an international hotel consultant, there are now more than 10 Seoul hotels charging over $ __ⓐ__ a night for a single room.

But even if your hotel choice is a little more modest, you will still be forking out too much money. If you choose a good hotel, you will charge six times as much for a night's stay in hotel as in motel. Average room rates of motels in Seoul last year was around $25.

1 빈칸 ⓐ에 들어갈 알맞은 숫자를 적어 보시오.

2 글의 흐름으로 보아, 밑줄 친 문장은 다음 중 어떤 것과 바꿀 수 있겠는가?
① although you choose a good hotel
② although you choose a little small hotel
③ even though you choose a little larger hotel
④ even though you choose a fine hotel
⑤ None of the above

3 In this context, the underlined word charge in second paragraph means

① to rush in
② to ask in payment
③ to load or trouble
④ to give as a responsibility
⑤ to record something to someone's debt

> **본문해석**

서울이 숙박하기에 가장 비싼 도시들 중 하나라는 것은 놀라운 일이 아니다. 우리는 한국에서 그 소식을 항상 들어 왔기 때문이다. 그러나 과연 얼마나 비싼가? 세계적인 호텔 상담 전문가에 따르면, 현재 1인용 객실 1박에 150달러 이상을 받는 호텔이 서울에 10개 이상이나 있다.

그러나 당신이 좀 더 작은 호텔을 선택한다 하더라도, 당신은 여전히 너무 많은 돈을 지불할 것이다. 좋은 호텔을 선택하면, 당신은 호텔에서의 1박을 위해 모텔에 비해 여섯 배나 많은 돈을 부담할 것이다. 지난해 서울에서 모텔의 평균 방값은 25달러 정도였다.

> **어휘연구**

expensive ⓐ 값비싼(= costly, precious) consultant ⓝ 상담 상대, 고문(= adviser, counselor) modest ⓐ 적당한(= moderate, proper), 작은(= not large), 고급스럽지 않고 평범한 according to + 명사(상당어구) ~에 따라서, ~에 의하면 cf according as + 절 fork out 넘겨주다, 지불하다(= pay)

UNIT 3 사회

21 행동과 태도 사이의 모순

1. ③ ⇒ 라피에르 교수가 미국 전역을 여행한 목적은 중국인에 대한 당시의 강한 편견을 직접 관찰하고 조사함으로써, 행동과 태도 사이에 어떤 모순이 있는가를 살피기 위함이었다.
2. accept Chinese as guests
3. ② ⇒ almost의 뜻으로 사용되는 all but은 부사구로 사용된다.

22 인디언 보호 구역

1. ① ⇒ 이 글은 결국 인디언 보호 구역에 관해 쓴 글이며, 나머지 요소들은 모두 이것을 보충 설명하는 데 사용되었다. 화제(topic)는 당연히 인디언 보호 구역이 된다.
2. 인디언들은 교육과 생존 기술의 부족으로 인하여 도시에서 새로운 삶을 시작할 준비를 제대로 갖추지 못했기 때문이다.
3. ④ ⇒ abundant, rich, fertile(비옥한) ↔ infertile

23 베트남 선상 난민

1. ⑤ ⇒ 베트남 선상 난민들이 더 이상 특별 대우를 받을 수 없다는 것이 본문 전체의 내용이다.
2. ② ⇒ 본문에서는 아시아의 베트남 난민 수가 60,000이라고 언급되었으므로, 전 세계에 걸친 숫자는 이 글에서 알 수 없다.
3. ③ ⇒ avoid는 '피하다'로, 나머지 단어들은 모두 '도망하다'의 뜻으로 사용되었다.
4. ① ⇒ 구어에서는 different than으로 사용하는 경우도 있으나, 이것은 than 다음에 절(clause)이 나오는 경우에 한하며, different from의 사용이 원칙이다. ⓑ에는 rather가 앞에 나왔으므로 than이 올 것을 예측해야 한다.

24 배움과 지혜의 관계

1. ② ⇒ between A and B의 A에 해당하는 것이 knowing how to read and write이다.
2. 읽고 쓰는 능력과 지능(지혜) 사이에는 아무 관련도 없다.
3. ⑤ ⇒ illiterate: 문맹의, 무학의 = unable to read or write

25 철학자의 사회 공헌 방법

1. ⓐ philosopher ⓑ contributed ⓒ helping
2. ① ⇒ contain 포함하다, conclude 결정하다, compound 혼합하다, exclude 배제하다, omit 빠뜨리다

26 활동적 가족의 등장

1. ⓐ 가족 구성원, ⓑ 클럽 구성원
2. ④ ⇒ 나머지 단어들도 모두 sphere를 대신해서 사용될 수 있으나, 이 글에서 sphere는 domain과 비슷한 의미로 사용되었다.
3. ① ⇒ 이 글에는 가족 구성원이 스스로의 이해를 위해 시간을 할애하도록 하는 단체의 언급은 없다. deprive A of B: A에게서 B를 빼앗다, emergence: 출현, 도래

27 미합중국의 시간대 (time zones)

1. 1, afternoon ⇒ 본문 세 번째 문장을 참고할 때, 태평양 시간대가 동부 시간대보다 세 시간 빠르므로, 태평양이 오전 11시면 동부는 오후 2시가 되는 것이 정상이다. 그러나 여기에 일광 절약 시간이 가해서 한 시간이 앞당겨지면 오후 1시가 된다.
2. ③ ⇒ 이 글에서 set은 '조절, 조정하다'의 뜻으로 사용되었다. ① 해가 졌다. ② 그들은 노예들을 해방시켰다. ③ 그는 카메라를 원거리 촬영에 맞게 조절했다. ④ 우리는 보트로 해변에 도달했다. ⑤ 그녀는 테이블 위에 램프를 놓았다.

28 농업 혁명의 영향

1. ⑤ ⇒ 첫 문장은 이 글의 topic sentence이면서 동시에 이 글의 main idea를 담고 있는데, 이 첫 문장에서 글의 title을 짐작할 수 있다.
2. ③ ⇒ 남녀 사이에 업무 분담이 이루어졌기 때문에 남자들이 사냥과 어로 활동을 주로 행하였음을 알 수 있다.
3. ② ⇒ such~as, care for

29 집안이 갑자기 가난해져서

1. ⓐ rich ⓑ financial ⓒ financial ⓓ look ⓔ for ⓕ longer
2. My family was suddenly poor and I was in dire need of work. ⇒ 이 문제는 결국 main idea 또는 central idea가 무엇인지 찾으라는 문제가 변형된 형태이다.
3. ③ ⇒ things는 복수이므로 복수를 수식할 수 없는 much가 답이 된다.

30 숙박료가 비싼 서울

1. 150 ⇒ 두 번째 단락, 두 번째 문장을 참고한다.
2. ② ⇒ modest = not large, a little small
3. ② ⇒ 지불을 요구하다

UNIT 4

언어
Language

Reading Test 31 상형문자의 기원

Reading Test 32 언어의 분포

Reading Test 33 수화(Sign Language)

Reading Test 34 남녀 차별 언어

Reading Test 35 영문법 용어들

Reading Test 36 영어와 철자법

Reading Test 37 한 단어에 두 개의 철자

Reading Test 38 파이어니어(Pioneer)

Reading Test 39 단어 앞의 h

Reading Test 40 단락의 구성

Reading Test 41 언어의 구성 요소

상형문자의 기원

ⓐ People made noises as animals do today.
ⓑ Thousands of years ago there wasn't any spoken language.
ⓒ Often they told whole stories this way.
ⓓ The first written words were picture words, and the letters in many alphabets were <u>originally</u> picture letters.
ⓔ But there came a time when people began to carve pictures on stone walls to tell what they thought.

1 윗글은 순서가 바뀌어 있다. 잘 읽고 순서를 바로잡은 후, 순서대로 번호를 써 보시오.

2 다음 중 ⓓ에 사용된 <u>originally</u>와 바꿔 쓸 수 없는 것은?
① formerly
② in the beginning
③ in earlier times
④ in a specific way
⑤ initially

본문해석

ⓑ 수천 년 전에는 구어가 존재하지 않았다. ⓐ 사람들은 오늘날 동물들이 그러는 것처럼 감정을 표현했다. ⓔ 그러나 사람들이 자신들이 생각하는 바를 알리기 위해 돌벽 위에 그림을 새기기 시작했던 시기가 도래했다. ⓒ 그들은 흔히 이런 방식으로 모든 이야기들을 전했다. ⓓ 글로 쓰인 최초의 단어들은 그림 단어들(상형문자의 기원)이었으며, 많은 알파벳들 속에 들어 있는 문자들은 원래 그림 문자들이었다.

어휘연구

carve ⓥ 깎다, 새기다(= inscribe, engrave, sculpture) originally ⓐⓓ 원래, 처음부터(= initially, primarily, naturally) make noises 감정을 표현하다(= express feelings) cf make a noise 소음을 내다, 소동을 부리다

언어의 분포

The English language, spoken by over 400 million people all the world over, is numerically the second of the world's leading languages. Only the Chinese language, with its estimated 800 million speakers, numerically surpasses it. But while Chinese is mostly concentrated in Eastern Asia, with relatively few and small speaking groups outside this area, English has spread to the far corners of the globe, so that only the French language shows comparable distributional features; French, however, has fewer than 100 million speakers. Hindustani and Russian, the world's third and fourth most widely spoken tongues, do not approach English numerically, and they share with Chinese the feature of concentration in a single area, however extensive.

1 What is all this story about?

① The number of languages widely spoken in the world

② The number of people who speak the leading languages of the earth

③ The languages spoken in the world

④ The distributional features of the leading languages

⑤ Superiority of some leading languages

2 Write the names of the languages which has spread to the far corners of the earth.

3 Distinguish the difference between two underlined however.

4 다음 선택지 중 나머지와 의미가 다른 단어를 하나 고르시오.

① extend ② surpass ③ exceed
④ excel ⑤ outgo

본문해석

전 세계에서 4억 명 이상이 사용하고 있는 영어는 전 세계의 주요 언어들 중에서 숫자상으로는 두번째다. 8억 명 정도가 사용하는 중국어만이 수적으로 영어를 능가한다. 그러나 중국어가 주로 동부 아시아에 집중되어 있고 이 지역 밖에서는 비교적 사용하는 무리의 수가 작고 규모가 작은 반면, 영어는 지구의 구석구석까지 펴져 있다. 그래서 불어만이 (영어에) 필적할 만한 분포 특성을 보여 준다. 그러나 불어는 사용 인구가 1억이 채 되지 않는다. 전 세계에서 세 번째, 네 번째로 널리 사용되는 언어인 힌두어와 러시아어는 숫자상으로 영어에 접근하지 못하고 있으며, 비록 광범위하게 사용된다고는 하더라도, 한 지역에 집중되는 특성을 중국어와 공유하고 있다.

Teach Yourself

among과 between의 차이점

일반적으로 between은 둘 사이에, among은 셋 이상 사이에 사용된다. 그러나 대상이 셋 이상이라도 둘러싸여 있는 사물이 개별적으로 이해될 때에는 between을 사용하고, 집단으로 이해될 때에는 among을 쓴다는 사실에 주의해야 한다.

- He sat *between* Susan and Mary.
  → 둘 사이에 사용
- He sat *among* a herd of sheep.
  → 셋 이상 사이에 사용
- I divide my time *between* teaching, writing and reading.(개별적 이해)
  나는 가르치고, 글을 쓰고, 책 읽는 데 시간을 분배하고 있다.
- He divided his property *among* his eight sons.(집단적 이해)
  그는 그의 재산을 여덟 아들들에게 나누어 주었다.

  cf) 명사 difference는 between하고만 사용되며, among과는 사용되지 않는다.
  (What is the difference between gold and silver?)

어휘연구

numerically ad 숫자상으로(= in number) **estimated** a 어림의, 대략의(= approximate, about) **surpass** v ~을 능가하다(= outgo, excel, exceed) **comparable** a 필적하는, 비길 만한(= matchable, equivalent) **distributional** a 분포상의 **all the world over** 전 세계에서(= all over the world)

수화(Sign Language)

But talking isn't the only way people have of expressing their own thoughts. Some deaf people don't use any spoken words. They "hear" by watching the position and movement of the lips as words are spoken. This is called lip reading. And they "talk" by using their fingers to spell out what they want to say. This is called sign language. American Indians used to make words with smoke signals. Some African people still "talk" with drums.

1 이 단락에서 단어 "hear"와 "talk"에는 각각 인용 부호(quotation marks)가 붙어 있다. 본문을 잘 읽고, 인용 부호를 사용한 이유를 유추해 보시오.

2 이 글의 앞 단락에서는 다음 중 어떤 내용이 언급되었겠는가?
① Various ways of expressing people's thoughts
② Talking as a way of expressing people's thoughts
③ A way of talking used by deaf people
④ A lot of ways to express one's thoughts
⑤ How to express one's thoughts

3 다음 선택지 중 나머지 넷을 포괄하는 의미를 가진 말을 고르시오.
① the deaf   ② the blind   ③ the handicapped
④ the dumb   ⑤ the dismembered

본문해석

그러나 담화는 사람들이 소유하고 있는 자신들의 생각을 표현하는 유일한 방법이 아니다. 일부의 청각 장애인들은 구어를 사용하지 않는다. 그들은 사람들이 말을 할 때, 입술의 위치와 움직임을 지켜봄으로써 '듣는다.' 이것은 독순술이라 불린다. 그리고 그들은 그들이 말하고자 하는 것을 설명하기 위해 손가락을 이용하여 '말한다.' 이것은 수화라고 한다. 아메리카 인디언들은 연기 신호로 말을 만들곤 했다. 일부 아프리카인들은 아직도 북으로 '대화한다.'

※ 1행의 people have는 the only way와 of expressing their own thoughts 사이에 삽입된 절로, the only way를 수식하고 있다.

Teach Yourself

Punctuation III : semicolon(;)

1 두 개의 독립절 사이에 사용되어 등위접속사의 역할을 수행한다.
- The athletes were running six miles a day; they were also eating a special diet.
  ⇒ 독립절과 독립절을 이어 줌

2 이미 comma를 포함하고 있는 일련의 항목들이 혼동되지 않도록 하기 위해 comma 대신 사용한다.
- Among the guests were Mary Adams; her husband, Henry; her daughter, Elaine; and two couples.
  손님들 중에는 메리 애덤스와 그녀의 남편 헨리, 그녀의 딸 일레인, 그리고 두 부부가 있었다.

3 However, nevertheless, hence 등의 접속부사가 두 개의 독립절 사이에 등위접속사 없이 들어갈 때 사용한다.
- We demanded a refund; however, the owner refused to give us one.
  ⇒ However는 접속부사일 뿐 등위접속사가 아니므로 두 개의 독립절 사이에 접속사 대신 semicolon 사용
  cf) Those arrows, however, were not very common in Europe.(1개의 문장 속에 위치한 however)

어휘연구

deaf ⓐ 청각장애의(= unable to hear) blind ⓐ 맹인의(= sightless, unseeing) dumb ⓐ 말 못하는(= unable to speak, mute) handicapped ⓐ 불구의, 장애가 있는(= disabled) lip reading ⓝ 독순술 sign language ⓝ 수화 cf finger reading 점자 독법 spell out 설명하다(= explain, describe, account for)

남녀 차별 언어

Speech and writing that make unnecessary distinctions based on sex are called *sexist language*. Many people today object to some features of English usage that do not treat men and women in the same way.

Ms. does not show if a woman is married. The traditional terms *Mrs*. for a married woman and *Miss* for a single woman make this distinction. Since *Mr*. does not show whether or not a man is married, many people feel that women need a title that does not give this information.

He, him, and *his* have often been used to refer to a male or a female or to someone whose sex is not known. To avoid the problem of using a masculine pronoun for someone who may be feminine, you can use an article or determiner in place of the pronoun. Sometimes *his/her, she/he* or *(s)he* is used. To avoid the awkward *his/her*, you can put the sentence into plural, or rewrite it without pronouns. Avoid using *man* or *mankind* to refer to people of both sexes.

*sexist language 남녀를 구분 짓는 언어

1 다음 중 이 글의 주제(theme)와 가장 관련 있는 문장을 고르시오.

① Speech and writing that make distinctions on sex are called sexist language.
② Some features of English usage do not treat both sexes in the same way.
③ Mr. does not show whether or not a man is married.
④ Avoid using masculine pronouns to refer to people of both sexes.
⑤ Sometimes his/her, she/he, or (s)he is used to distinguish both sexes.

2 본문의 내용을 참고하여 아래 선택지 중에서 **sexist language**를 사용하지 않은 문장을 있는 대로 고르시오.

① We have to try to keep the peace of whole mankind.
② Most people respect the statesman who loves his/her country.
③ A customer paid the money instead of his son.
④ Nowadays many people call a woman Ms.
⑤ Henry always likes his friends.
⑥ Many people think stewardess is a good job.
⑦ I don't like the chairperson because he is too idle.
⑧ She was the first aviatrix in Korea.

3 다음 선택지 중 서로 연결된 단어들의 관계가 나머지와 다른 것을 하나 고르시오.

① traditional − unconventional
② distinction − discrimination
③ accurate − incorrect
④ plural − singular
⑤ feminine − masculine

본문해석

성에 근거하여 불필요한 구분을 짓는 말과 글은 남녀 차별 언어라 불린다. 오늘날 많은 사람들이 남녀를 동등한 방식으로 취급하지 않는 영어 사용법의 어떤 특성들을 거부한다.
Ms.는 어떤 여성의 결혼 여부를 보여 주지 않는다. 전통적 용어들인 결혼 여성을 위한 Mrs.와 미혼 여성을 위한 Miss는 이런 구별을 해 준다. Mr.가 어떤 남성의 결혼 여부를 보여 주지 않기 때문에, 많은 사람들은 여성들이 이런 정보를 주지 않는 호칭을 필요로 한다고 느낀다.
대명사 he, him과 his는 어떤 남성이나, 여성, 또는 성이 알려지지 않은 사람을 언급하기 위해 흔히 사용되고 있다. 여성일 가능성이 있는 사람에 대해 남성 대명사를 사용하는 문제점을 피하기 위해, 대명사 대신 관사나 한정사를 사용할 수 있다. 때로는 his/her, she/he 또는 (s)he가 사용된다. 어색한 his/her를 피하기 위해 문장을 복수로 쓰거나, 대명사 없이 고쳐 쓸 수도 있다. 양성(남성과 여성)의 사람들을 모두 언급하기 위해 man이나 mankind를 사용하지 말자.

※4행의 if는 이 글에서 whether or not의 뜻으로 사용되었다.

어휘연구

distinction ⓝ 구별, 차별(= discrimination, differentiation) traditional ⓐ 전통적인(= conventional), 인습적인(= habitual) avoid ⓥ 피하다(= elude, evade, step aside) masculine ⓐ 남성의(= male), 남성다운(= manly) feminine ⓐ 여성의(= female), 여성다운(= womanly) awkward ⓐ 서투른(= clumsy, unskillful), 보기 흉한(= ungraceful) aviatrix ⓝ 여류 비행사 in place of ~대신에(= instead of)

35 영문법 용어들

1. A(n) ⓐ is a word that fills the same sentence position as a noun. Thus it may be used as a sentence subject, a direct object, object of preposition, or complement. After you use a common noun you will usually change them with a(n) ⓐ .

2. A(n) ⓑ and a(n) ⓒ function differently in the sentence. The former <u>modifies</u> nouns and is used as a complement, and the latter modifies verbs, adjectives, other adverbs, participles and whole clauses.

3. ⓓ is the term used to show relationship between time and other conditions and the form of the verb. By using it, you can show present, past or future of a situation or an accident.

1 위의 내용은 특정한 영문법 용어들을 설명하기 위한 것이다. 빈칸에 알맞은 용어들을 순서대로 넣으시오.

2 이 글 6행에 쓰인 <u>modify</u>의 문맥 의미로 적절한 것을 고르시오.

① to change something such as a plan or condition

② to keep below or at a certain point or amount

③ to make something less hard to accept or bear

④ to describe or limit the meaning of another word

⑤ to make a model or copy of

3 다음 중 나머지와 의미가 통하지 않는 단어를 하나 고르시오.

① ordinary ② general ③ commonplace
④ common ⑤ superficial

본문해석

1. 대명사는 명사와 똑같은 위치를 채우는 단어이다. 그러므로 그것은 문장의 주어, 직접목적어, 전치사의 목적어, 또는 보어로서 사용할 수 있다. 당신이 보통명사를 사용하고 난 후, 당신은 대개 그 명사들을 대명사와 바꿀 것이다.
2. 형용사와 부사는 문장 속에서 서로 다른 기능을 한다. 전자는 명사를 수식하고 보어로서 사용되며, 후자는 동사, 형용사, 다른 부사, 분사 및 전체 절을 수식한다.
3. 시제는 시간 및 다른 조건들과 동사 형태 사이의 관계를 보여 주기 위해 사용되는 용어이다. 그것을 사용함으로써, 당신은 어떤 상황이나 사건의 현재, 과거, 또는 미래를 보여 줄 수 있다.

어휘연구

complement ⓝ 보어 cf compliment 칭찬, 찬사, 안부, 인사말(= regards) common ⓐ 공통의, 공유의(= ordinary, commonplace, general) modify ⓥ 수식하다, 한정하다(= qualify, determine) relationship ⓝ 관계, 관련(= relevance, connection)

36 영어와 철자법

No one would deny that many English words are difficult to spell. Why is English spelling so confusing? For one thing, English has borrowed many of its words from other languages. English has a Germanic base, upon which a superstructure of words borrowed from Greek, Latin, French, and other languages of the world has been erected. For this reason, its words are not always formed by regular patterns of letter combinations. In addition, spelling is made difficult because the pronunciation of English words is constantly changing. Today's spelling was standardized nearly 300 years ago, but <u>many words are pronounced differently today than they were then</u>. Therefore, pronunciation often provides little help in spelling. Consider, for example, the words *sew* and *though*.

1 Write down the two major reasons why English spelling is so difficult. Answer in Korean.

2 What is the reason why English pronunciation provides little help in spelling? Answer in Korean.

3 밑줄 친 문장의 than을 from으로 바꾸어서 문장을 다시 쓰시오.

4 다음 중 뜻이 잘못 연결된 것을 고르시오.

① erect: to build or establish

② confuse: to make less clear or unclear

③ combination: the state of being united

④ provide: to supply something needed or useful

⑤ standardize: to limit all to particular things

본문해석

많은 영어 단어들이 철자를 쓰기에 어렵다는 것은 어느 누구도 부인하지 않을 것이다. 영어 철자법은 어째서 그렇게 복잡한 것인가? 예를 들면, 영어는 많은 단어들을 다른 언어들로부터 차용했다. 영어는 게르만어에 기초를 두고 있는데, 그 위에 그리스어, 라틴어, 불어 및 그 밖의 다른 전 세계 언어들로부터 차용된 단어들로 이루어진 상부 구조가 세워졌다. 이런 이유로 해서, 영어 단어들은 항상 규칙적인 형태의 문자 조합으로만 구성되지는 않는다. 게다가, 영어 단어들의 발음이 끊임없이 변화하고 있기 때문에 철자법은 어려워진다. 오늘날의 철자법은 거의 300년 전에 표준화 되었지만, 많은 단어들은 오늘날 그 당시와는 다르게 발음된다. 그러므로 발음은 흔히 철자법에 거의 도움을 주지 못한다. 예를 들어, sew와 though라는 단어들을 생각해 보라.

어휘연구

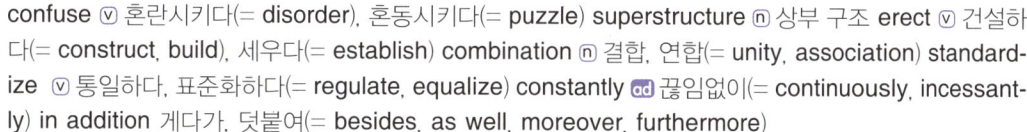

한 단어에 두 개의 철자

For some words, dictionaries show two different spellings. Both may be correct, but usually one <u>appears</u> more often than the other. It is the dominant spelling.

Such a word is *practice*. As a noun, it is always spelled with *ce* at the end. As a verb, it is spelled *ce* or *se* (*practise*), but the *ce* spelling occurs more often.

The spelling *practice* is always correct. The *se* ending is sometimes correct, but not always. Since it is easier to remember one spelling for a word, be satisfied with *practice*.

1 본문을 자세히 읽고, 각각의 빈칸에 들어갈 알맞은 단어를 써 넣으시오.

Sometimes we can see that there are _____ different spelling for _____. At most times, however, one is used _____ frequently than the _____.

2 이 글에 사용된 <u>appear</u>의 반의어를 고르시오.

① vanish ② show up ③ display
④ come out ⑤ discover

본문해석

어떤 단어들에 대해서는 사전이 두 개의 서로 다른 철자를 보여 준다. 둘 다 맞겠지만, 대체로 하나가 다른 하나보다 더 흔히 나타난다. 그것이 우세한 철자이다.

그런 단어들 중 하나가 practice이다. 명사로 사용될 때 그것은 항상 끝이 ce의 철자로 쓰인다. 동사로 사용될 때, 그것은 ce 또는 se (practise)로 쓰이지만, ce 철자가 더 흔히 나타난다.

철자 practice는 항상 옳다. 철자가 se로 끝나는 것은 때로는 옳지만 항상 옳은 것은 아니다. 한 단어에 대해 하나의 철자를 기억하는 것이 더 쉬우므로, practice로 만족하자.

어휘연구

appear ⓥ 나타나다, 출현하다(= emerge, show up, occur ↔ disappear) dominant ⓐ 지배적인, 우세한(= superior, leading) be satisfied with ~에 만족하다(= be content with)

파이어니어(Pioneer)

Originally derived from an old French word for a foot soldier, *peonier*, the word has come to mean much more than the first to settle a region. It now also refers to those who open new fields of inquiry a region. It now also refers to those who open new fields of inquiry, even new worlds. Thus, we have many (   ) in space and cancer research. Ecologists, who deal with the adaptation of life to the environment, even call plants or animals which successfully invade and becomes established in a <u>bare</u> area (   ).

1 글의 내용을 잘 읽고 두 개의 괄호 안에 공통으로 들어갈 단어를 써 넣으시오.

2 다음 중 밑줄 친 <u>bare</u>를 대신할 수 없는 단어를 고르시오.
① naked   ② unclothed   ③ unclad
④ vacant   ⑤ nude

본문해석

본래는 보병을 뜻하는 프랑스어 peonier에서 파생된 그 단어는 어떤 지역에 정착한 최초의 사람이라는 뜻보다 훨씬 많은 의미를 가지게 되었다. 그것은 이제 새로운 조사 분야들, 심지어는 새로운 세계를 여는 사람들을 또한 언급한다. 그러므로 우리는 우주 및 암 연구에 많은 파이어니어들을 가지고 있다. 생명의 환경 적응을 다루는 생태학자들은 황무지에 성공적으로 침입하여 자리 잡게 된 식물이나 동물을 파이어니어라 부르기까지 한다.

어휘연구

derive ⓥ ~에서 나오다, 유래하다(= originate, stem) settle ⓥ 정착하다, 자리 잡다(= abide, colonize, pioneer) inquiry ⓝ 질문(= question), 조사(= examination, inspection) pioneer ⓝ 개척자(= explorer, developer) ecologist ⓝ 생태학자 adaptation ⓝ 적응, 순응(= accommodation, adjustment) invade ⓥ 침범하다(= infringe, raid), 점령하다(= occupy) deal with 다루다, 취급하다(= treat, manage, control)

단어 앞의 h

When our language was first written, *h* was a very respectable <u>character</u>, particularly for use at the beginning of a word. For example, *loaf* was spelled "half," *neck* was spelled "hnecca," and *it* was spelled "hit." In later times, the initial *h* was dropped before *r*, *l*, and *n*, both in spelling and in pronunciation, but "hit" remained as a regular spelling until the 1500's.

Meantime, in the 1200's, the French scribed did something very odd and confusing. They added *h* at the beginning of words like *heritage*, *honest*, and *hour*, even though neither they nor the English pronounced the *h* in this position. The French still do not pronounce the initial *h*. On the other hand, the English gradually began pronouncing it in some words such as *hospital* and *humble* but not in others such as *honor* and *hour*.

*scribe 문인, 저술가

1 According to this selection, which of the following is true?

① English people now are apt to pronounce *h* in *honor* and *hour*.
② Adding *h* to the beginning of the words like *honest* and *hour* was originated from England.
③ *Hit* used in 1500's meant "to strike."
④ French people pronounce the initial *h* from 1500's till now.
⑤ None of the above is true.

2 The underlined <u>character</u> means

① letter   ② feature   ③ type
④ fellow   ⑤ personality

본문해석

우리의 언어가 처음 글로 쓰였을 때, h는 대단히 자주 쓰이는 글자였으며, 특히 단어 앞에서 자주 사용되었다. 예를 들면, loaf는 half로 적었고, neck은 hnecca로 썼으며, it은 hit로 철자했다. 그 후에 단어 앞의 h는 철자에서나 발음에서나 r, l, n 앞에서 모두 탈락되었다. 그러나 hit는 1500년대까지 정식 철자로 남아 있었다.

한편, 1200년대에, 프랑스 문인들은 아주 이상하고 혼동되는 일을 저질렀다. 그들은 heritage, honest, hour와 같은 단어들 앞에 h를 덧붙였다. 비록 그들도 영국인들도 이 위치에 오는 h를 발음하지는 않았지만. 프랑스인들은 지금껏 맨 앞의 h를 발음하지 않는다. 반면, 영국인들은, honor나 hour 같은 단어들이 아니라, hospital이나 humble 같은 단어들의 그것을 점차적으로 발음하기 시작했다.

어휘연구

loaf ⓥ 빵 한 덩어리, 덩어리 respectable ⓐ 존경받는(= respectful), 상당한(= considerable) meantime 한편(= meanwhile, in the meantime) odd ⓐ 이상한, 기묘한(= strange, peculiar, queer) heritage ⓥ 유산(= inheritance, legacy) gradually ⓐⓓ 점차적으로(= continuously, step-by-step, continually)

단락의 구성

In English, everyday talk is not clearly divided into units or stages. Some people use signal like "okay" to indicate when they're moving from one part of the topic to another, but such signals are not required. In writing, you ⓐ<u>mark off</u> the parts of your topic in separate paragraphs by starting a new line that is set in from the left ⓑ<u>margin</u> about a half inch in longhand or about five spaces in typing. Each paragraph is made up of sentences grouped together.

<u>The number of sentences in a paragraph may be anywhere from just one to a great many.</u> In most writing, you find both long and short paragraphs. Usually, paragraphs do have more than just one sentence. A sentence would have to be very meaningful and worth noticing to get a paragraph by itself.

1 이 글의 마지막 문장은 단락을 구성하는 문장들 하나를 지칭하는 말이다. 다음 중 어떤 문장을 설명하는 것인가?
① supporting sentence ② detail sentence ③ topic sentence
④ first sentence ⑤ main sentence

2 밑줄 친 부분을 우리말로 해석하시오.

3 ⓐ, ⓑ와 같은 의미로 사용될 수 있는 단어들로만 이루어진 것을 고르시오.
① separate – middle ② connect – border ③ distinguish – edge
④ distinguish – round ⑤ unite – verge

본문해석

영어에서 일상의 대화는 명확한 단어나 단계로 분리되지 않는다. 어떤 사람들은 그들이 화제의 한 부분에서 다른 부분으로 옮겨 가는 시기를 가리키기 위해 'okay'와 같은 신호들을 사용한다. 그러나 그런 신호들이 필수적인 것은 아니다. 글을 쓸 때, 당신은 왼쪽 여백으로부터 보통 필체로 반 인치 정도 또는 타이핑으로 다섯 스페이스 정도에서 새 행을 시작함으로써, 별개의 단락에 속한 화제 부분을 구분한다. 각 단락은 문장들이 함께 모여서 구성된다.

한 단락 속의 문장 수는 단 하나가 될 수도 있고, 아주 많은 수가 될 수도 있다. 대부분의 글에서, 긴 단락들과 짧은 단락들이 함께 발견된다. 대체로 단락들은 단 한 문장 이상을 포함하고 있다. (단락 안의) 한 문장은 아주 중요한 의미를 담고 있어야 하며, 그 문장만으로도 단락을 이룰 만큼 주목할 가치가 있어야 한다.

어휘연구

indicate ⓥ 표시하다, 나타내다(= show, signify) require ⓥ 필요로 하다(= need), 요구하다(= demand) margin ⓝ 가장자리, 여백(= edge, border, verge) longhand ⓝ 보통의 필기법 shorthand 속기술 notice ⓝ 알아차리다(= perceive, recognize) mark off 구분하다, 구별하다(= distinguish, separate) be made up of ~으로 구성되다(= consist of, composed of)

41 언어의 구성 요소

The use of language is controlled by three factors: grammar, rhetoric, and usage. Grammar is the science of what is ⓐ<u>permissible</u> in the language; rhetoric is the art of what is effective. Grammar concerns itself with the possible ways of saying something, rhetoric with the best way. A writer or speaker in choosing the best way must necessarily select from among the possible ways — he must know grammar. His choice must also be influenced by usage, the pattern of ways in which people actually use the language in any time, place, and circumstance. Over the history of the language, usage is the source of grammar but in any given circle, usage rarely ⓑ<u>involves</u> all the grammatical resources of the language.

1 According to the passage, usage

① is the best way to express something.
② involves the possible ways of saying something.
③ usually involves all the grammatical resources of the language.
④ is an element which controls the use of language.
⑤ is the art of what is effective.

2 본문에서 사용한 단어들을 이용하여, 이 단락의 내용과 어울리도록 다음 괄호들을 채우시오.

In grammar, we can see something of a (　　) of a language; and in rhetoric, something of an art. In usage, we can see the (　　) of ways by which people use language practically.

3 다음 중 밑줄 친 ⓐ, ⓑ의 반의어로 이루어진 것을 고르시오.

① acceptable – exclude
② forbidden – rule out
③ illegal – contain
④ allowable – rule out
⑤ allowable – include

본문해석

언어의 사용은 세 가지 요소들, 즉 문법, 수사학, 관용어법에 의해 조절된다. 문법은 언어에서 허용될 수 있는 것이 무엇인가를 연구하는 과학이며, 수사학은 효과적인 표현법의 기술이다. 문법은 어떤 것을 표현하는 가능한 방법들을 다루며, 수사학은 최선의 방법을 다룬다. 최선의 방법을 선택할 때 작가나 화자는 필연적으로 가능한 방법들 중에서 선택해야 한다. 즉, 그는 문법을 알아야 한다. 그의 선택은 또한 관용어법, 즉 어떤 시간, 장소, 환경 속에서 사람들이 실제로 언어를 사용하는 방법들의 유형에 의해서도 영향을 받아야만 한다. 언어의 역사에 있어서 관용어법은 문법의 근원이다. 그러나 주어진 어떤 범주에서, 관용어법이 언어의 모든 문법의 원천들을 포함하는 적은 드물다.

어휘연구

control ⓥ 지배하다(= govern), 통제하다(= handle, regulate, restrain) rhetoric ⓝ 수사학, 작문법 permissible ⓐ 허용된, 무방한(= allowable, legal) concern ⓥ ~에 관계하다(= relate to, refer to) select ⓥ 고르다, 선택하다(= choose, pick) involve ⓥ 포함하다(= contain, include ↔ exclude, rule out)

Reading Test 정답해설 UNIT 4 언어

31 상형문자의 기원

1. ⓑ – ⓐ – ⓔ – ⓒ – ⓓ
2. ④ ⇒ 부사 originally는 '원래' 또는 '독창적으로'라는 두 개의 의미를 가지고 있으나, 여기에서는 전자의 의미로 사용되었으므로 ④는 답이 될 수 없다.

32 언어의 분포

1. ④ ⇒ 이 글은 주요 언어들의 분포 특성에 대해 논하고 있다.
2. English, French
3. 첫 번째 however는 접속사로서 '그러나'의 의미로 사용되고, 두 번째 however는 관계부사로서 '아무리 ~해도'라는 의미로 사용된다.
4. ① ⇒ extend 늘어나다, 늘리다

33 수화(Sign Language)

1. 이 글에 나오는 hear와 talk의 literal meaning(문자 그대로의 뜻)은 '듣다', '말하다'이지만, 본문에서는 눈으로 보고(watching), 손가락이나 드럼을 사용하는(using fingers or drums) 것을 의미하므로, 이를 구별해 주기 위해 인용 부호를 사용했다.
2. ② ⇒ 본문 맨 앞에 있는 but은 앞에 말한 내용을 번복하여 반대 또는 대조를 나타내는 사실을 말할 때 쓰이는 등위접속사이다. 따라서 이 단락의 앞에서는 의사 표현의 수단으로서 talking이 언급되었음을 유추할 수 있다.
3. ③ ⇒ the handicapped는 장애인을 총칭하는 복수 보통명사구로 사용되었다. the dismembered는 신체의 일부가 잘려 나간 사람들을 말한다.

34 남녀 차별 언어

1. ④ ⇒ 이 글의 주제는 sexist language를 사용하지 말자는 것이므로, 남녀 양성에 남성 대명사를 사용하지 말자는 내용이 주제에 가장 가깝다.
2. ④, ⑤ ⇒ ①의 mankind는 남녀 차별이며, humankind 또는 human beings로 바꾸면 남녀 차별을 피할 수 있다. ②는 his/her를 사용한 것은 좋았지만 statesman이 남녀 차별이다. politician으로 바꾸면 될 것이다. ③은 customer의 성이 불분명하므로 대명사 his로 쓴 것은 남녀 차별이다. ⑥은 stewardess가 남녀 차별이며, ⑦은 남녀가 불분명한 chairperson을 he로 받아서 남녀 차별어가 되며, ⑧은 또한 aviatrix를 aviator로 고쳐줘야 남녀 차별을 피할 수 있다. 그러나 ⑤의 his는 주어 Henry가 남자임을 알 수 있으므로 남녀 차별어가 아니다.
3. ② ⇒ distinction = discrimination(구분, 차별) 나머지 지문들은 모두 반의어끼리 연결된다.

35 영문법 용어들

1. ⓐ pronoun ⓑ adjective ⓒ adverb ⓓ Tense
2. ④ ⇒ 여기서 modify는 '수식하다' 또는 '한정하다'의 뜻으로 쓰였다.
3. ⑤ ⇒ superficial 피상적인, 겉의

36 영어와 철자법

1. 1) 영어는 다른 언어들로부터 많은 단어들을 차용해 왔고, 2) 영어 단어들의 발음이 계속해서 변하고 있기 때문이다.
2. 오늘날의 철자법은 거의 300년 전에 표준화 되었지만, 많은 단어들이 그 당시와는 달리 발음되기 때문이다.
3. many words are pronounced differently today from what they were then 또는 many words are pronounced differently today from that which they were then
4. ⑤ ⇒ standardize: to make to be alike in every case

37 한 단어에 두 개의 철자

1. two, a (or one), word, more, other
2. ① ⇒ vanish = disappear 사라지다

38 파이어니어(Pioneer)

1. pioneers
2. ④ ⇒ vacant 텅 비어 있는

39 단어 앞의 h

1. ⑤ ⇒ ① h가 묵음이기 때문에 발음하지 않는다. ② 영국이 아니라 프랑스에서 시작되었다. ③ it을 의미한다. ④ 프랑스인들은 지금도 initial h를 발음하지 않는다.
2. ① ⇒ 여기서 character는 '문자'라는 의미로 사용되었다.

40 단락의 구성

1. ③ ⇒ 이 책 제1부의 화제 및 화제문 부분을 참고하여 읽어 볼 것.
2. 한 단락 속의 문장 수는 단 하나가 될 수도 있고 아주 많은 수가 될 수도 있다.
3. ③

41 언어의 구성 요소

1. ④ ⇒ 선택지 ①은 rhetoric과 관련된 것이고, ②와 ⑤는 grammar와 관련된 것이다. 선택지 ③은 usually 때문에 답이 될 수 없다.
2. science, pattern
3. ②

UNIT 5

환경·건강
Environment·Health

Reading Test 42 인간과 환경
Reading Test 43 타이가 지대의 환경 감시
Reading Test 44 흡연 반대운동 1
Reading Test 45 흡연 반대운동 2
Reading Test 46 갱년기를 극복하는 운동
Reading Test 47 비대한 라틴 여성들
Reading Test 48 흡연자들의 습관
Reading Test 49 자동차와 환경오염
Reading Test 50 미국의 전력 수요
Reading Test 51 자동차 배기가스
Reading Test 52 교통 위기의 해결책
Reading Test 53 감귤 껍질의 살균제

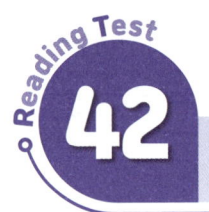

인간과 환경

People can change an environment, too. Some things that people do cause no change or only small change in the environment. For instance, they can walk through the woods and just look. They can also cut down a few trees from a large area and still do not change the environment very much. _____, some things that people do cause a lot of change. They can change a whole environment by cutting down a full forest.

1 Choose the topic sentence in the paragraph, and write it down.

2 이 단락의 첫 문장 앞에 문장을 하나 더 집어넣는다면, 다음 중 어느 것이 가장 적절한지 고르시오.
① Weather can change an environment.
② An environment can be changed by weather.
③ An environment can be changed by many reasons.
④ There are many reasons which can change an environment.
⑤ None of the above

3 Choose a word or a phrase which is the most suitable for the blank.
① But ② On the other hand ③ By the way
④ Nevertheless ⑤ Or

4 다음 중 나머지와 의미가 다른 것을 하나 고르시오.

① environment   ② pollutions   ③ circumstance
④ surroundings   ⑤ conditions

본문해석

사람들도 또한 환경을 바꿀 수 있다. 사람들이 행하는 어떤 일들은 환경에 전혀 변화를 일으키지 않거나 조그만 변화만을 일으킨다. 예를 들면, 사람들은 걸어서 숲을 통과하면서 그저 구경만 할 수 있다. 그들은 또한 넓은 지역에서 몇 그루 안 되는 나무들만을 베어내서 여전히 환경에는 많은 영향을 일으키지 않을 수 있다. 반면에, 사람들이 행하는 어떤 일들은 많은 변화를 일으킨다. 그들은 숲 전체를 베어냄으로써 환경 전체를 바꿀 수 있다.

어휘연구

environment ⓝ 환경(= circumstance, surroundings, conditions) instance ⓝ 보기, 예(= example, case, sample) for instance 예를 들면(= for example, for one thing) cut down 베어 넘기다

타이가 지대의 환경 감시

During recent years, environmental inspection and monitoring have become more and more problematic. Because of economic and financial difficulties, about 1,519 nature reserves are unable to afford special protection and control services. Specialists and inspectors who work for environmental protection are so poorly paid that, to survive financially, they are forced to turn a blind eye to poaching, and savage reprisals have been known to be directed against those who take steps to protect wildlife. Supply of technical and transportational equipment to hunting and fishing inspectors is gradually falling off. In the taiga, officials have in fact given up on struggling against poachers in the illegal fur trade.

*reprisal 보복, 앙갚음 *poacher 밀렵꾼

1 이 단락은 타이가 지역의 자연 보호 실태와 관련된 기사문의 일부이다. 이 글의 기자가 다음 단락에서 주장할 만한 내용으로 적당하지 않은 것을 고르시오.

① Give enough wages to the specialists and inspectors
② Protect wildlife in the taiga
③ Reduce the number of nature reserves
④ Increase supply of technical and transportational equipment
⑤ Prevent poaching

2 이 단락의 내용으로 보아서 타이가 지역의 환경 보호를 위해 가장 우선적으로 해결해야 할 과제는 무엇이겠는가?

① Financial problems
② Controlling the number of nature reserves
③ Hiring environmental specialists
④ Arrest of poachers
⑤ Protecting the plants first

3 다음 중 짝지어진 형태가 나머지와 다른 것을 고르시오.

① legal – illegal
② regular – irregular
③ migrant – immigrant
④ possible – impossible
⑤ direct – indirect

본문해석

최근 몇 년 동안, 환경의 검사 및 감시는 더욱더 문제가 되고 있다. 경제적, 재정적 어려움으로 인하여 약 1,519개의 자연 보호 지역들이 특별한 보호 및 통제를 받을 수 없다. 환경 보호를 위해 일하는 전문가들과 검사관들은 너무나 홀대를 받고 있기 때문에, 재정적으로 생존하기 위하여 밀렵 행위를 눈감아 줄 수 밖에 없다. 야생을 보호하기 위한 조치를 취하는 사람들에 대해 잔인한 보복이 가해지고 있음도 알려졌다. 사냥 및 낚시 검사관들에 대한 기술 및 운반 설비의 공급은 점차 감소하고 있다. 타이가(시베리아의 침엽수림 지대)에서, 관리들은 사실상 불법 모피 거래를 행하는 밀렵꾼들에 대한 대항을 포기한 상태이다.

어휘연구

inspection ⓝ 검사, 조사(= examination, investigation) monitoring ⓝ 감시, 감독(= supervision, watch) reserve ⓝ 보호구역(= reservation, preserve) afford ⓥ ～할 여유가 있다, ～할 수 있다(= be able to buy) savage ⓐ 야만의, 잔인한(= cruel, brutal) struggle ⓥ 투쟁하다, 싸우다(= fight, contend, conflict) illegal ⓐ 불법의, 위법의(= outlawed, illegitimate ↔ legal) turn a blind eye to ～을 눈감아 주다 take steps to ～하기 위한 조치를 취하다

흡연 반대운동 1

The U.S. anti-tobacco movement shows an effect, trumpeting its latest victory in the war over smoking in the workplace and plotting its next plan to pull cigarettes off the shelves altogether.

"The Defense Department's ⓐ<u>move</u> is just another indication that there are going to be more and more places where people can't smoke," said the American Lung Association's Diane Maple after the Defense Department went smoke-free this week.

Maple's group is also making strides in its effort to get the Food and Drug Administration (FDA) to classify nicotine as an addictive drug, a ⓑ<u>move</u> which could eventually outlaw the sale of most cigarettes.

*the Defense Department 미 국방성 *the Food and Drug Administration 미 식품 의약국

1 윗글에는 두 개의 **move**가 나온다. 각각의 move가 구체적으로 무엇을 뜻하는지 본문을 잘 읽고 우리말로 써 보시오.

ⓐ:

ⓑ:

2 다음 단어들 중 나머지 단어들과 뜻이 다른 것을 고르시오.

① assort ② assemble ③ classify
④ categorize ⑤ label

3 다음 중 이 글의 밑줄 친 free와 같은 뜻으로 쓰인 문장은?

① She lives there rent free.

② I am free because I have no work to do.

③ Keep the surface free from dirt.

④ He is free with his money.

⑤ You can make free use of the car.

본문해석

미국의 흡연 반대 운동은 효력을 보이고 있는데, 일터에서의 흡연 문제를 둘러싼 싸움에서 거둔 최근의 승리를 요란스럽게 선전하고 있으며, 담배를 진열대에서 완전히 제거하려는 다음 번 계획을 구상하고 있다. "국방성의 조치는 사람들이 흡연을 할 수 없는 장소들이 더욱더 많아질 것이라는 또 하나의 징후에 불과하다."라고 이번 주 국방성이 흡연을 금지한 후, 미국 폐협회의 다이앤 메이플이 말했다.

메이플의 단체는 또한 FDA가 니코틴을 습관성 의약품으로 분류하게 하려는 노력에서 진전을 보여주고 있는데, 이 조치는 궁극적으로 대부분의 담배 판매를 금지할 수 있을 것이다.

어휘연구

trumpet ⓥ 떠들어 퍼뜨리다(= announce, proclaim) plot ⓥ 계획을 세우다(= plan, project, scheme) indication ⓝ 지시, 표시, 징후(= sign, omen) stride ⓝ 큰 걸음, 진전, 발전(= advance, development) classify ⓥ 분류하다(= assort, categorize, label, arrange) addictive ⓐ 중독성의, 습관성의(= habit-forming) outlaw ⓥ ~을 금지하다, 불법화하다(= prohibit, ban, forbid)

45 흡연 반대운동 2

Maryland has already <u>agreed</u> to be the first state to try the ban out and has ordered all its workplaces to go smoke-free.

The tobacco industry is expected to challenge the ban, which is go into effect in 60 days. The state's eating and drinking establishments have already raised a battle against the ban.

"We're going to fight it. People like to smoke when they drink and to light up after a meal," said Sonny Freeman, manager of a big restaurant in Greenbelt, Maryland. "We're going to lose a lot in sales if it goes through, particularly liquor sales which are the most profitable."

*Maryland 미국 동부의 한 주

1 What does the ban in this story mean? Explain it in Korean.

2 Why do the eating and drinking establishments want to fight the ban? Explain the reason in Korean.

3 이 글에 쓰인 <u>agree</u>와 같은 의미를 가진 단어를 고르시오.
① deny ② reject ③ consent
④ disagree ⑤ oppose

134

본문해석

메릴랜드 주는 이미 전면 금지 조치를 실행할 첫 번째 주가 되기로 동의했으며, 주 내의 모든 작업장에 흡연을 금지하도록 지시했다.

담배 산업은 그 금지 조치에 대항할 것으로 기대되는데, 그 조치는 60일 이내에 효력을 발생할 것이다. 메릴랜드 주의 요식업소들은 벌써 그 금지 조치에 대한 싸움을 시작했다.

"우리는 그것에 대항해 싸울 것이다. 사람들은 술을 마실 때 담배 피우기를 좋아하며, 식사 후에 담뱃불을 댕기고 싶어 한다." 메릴랜드 주 그린벨트 시의 대형 음식점 관리인인 소니 프리맨은 말했다. "그 조치가 승인되면 우리는 판매에서 특히 가장 이익이 많이 남는 주류 판매에서 많은 손실을 볼 것이다."

Teach Yourself

all together와 altogether의 차이점

1. all together는 '다 함께 (in one group)'라는 의미로 사용되는 부사구이다.
   - The class went *all together* to the park on the same bus. (= in one group)

2. altogether는 '완전히(completely, wholly)' 또는 '총계(in all)'라는 의미로 쓰이는 부사이다.
   - The decision is *altogether* wrong. (= completely)
   - *Altogether* there were fifteen books. (= in all)

어휘연구

ban. ⓝ 금지, 금제(= prohibition, restriction) challenge ⓥ 도전하다, 맞서다(= dare, threat confront) liquor ⓝ 알코올 음료(= alcoholic beverage) profitable ⓐ 이익이 되는(= advantageous, beneficial) go into effect 효력을 발생하다(= be effective, be in force) go through 승인되다(= be approved, be accepted, be agreed) try out 시험해 보다, 실행하다(= test to find out about)

갱년기를 극복하는 운동

The death rate from heart disease increases in middle-aged women partly because of the drop in the levels of certain hormones during menopause.

There is good news. A three-year study of women ages 42 to 50 shows that exercise after menopause cuts this risk.

Women who increased their physical activity over the three years showed less decline in HDL (the good cholesterol) and less weight gain than women who decreased activity. In psychological testing, the higher activity group also showed smaller rises in stress and depression.

Additionally, experts say that exercise counters the thinning of the bones that accelerates after menopause, which helps reduce old-age fractures.

Try to exercise during menopause, even if only in moderate amounts. Walking just 20 minutes a day was enough to help the women in the study.

*menopause 갱년기, 폐경기

1 Which of the following is not mentioned in this article?

① Physical activity decreases stress and depression.
② Heart disease among women increases during menopause.
③ Exercise decreases the amount of good cholesterol.
④ More exercise, less weight gain.
⑤ Just 20 minutes' walking is good for women's health.

2 Choose the best title for this article.
① Physical Activity Helps Menopause
② Try to Increase the Amount of Exercise
③ Good Cholesterol and Exercise
④ If You Walk Just 20 Minutes a Day
⑤ Heart Disease and Menopause

3 다음 선택지 중 <u>physical</u>의 동의어를 찾아보시오.
① bodily ② mental ③ spiritual
④ internal ⑤ psychic

본문해석

중년 여성들의 심장병으로 인한 사망률의 증가는 부분적으로 갱년기의 특정 호르몬 부족에서 기인한다. 희소식이 하나 있다. 42세에서 50세까지의 여성을 대상으로 한 3년에 걸친 연구는, 갱년기 이후의 운동이 이런 위험을 줄여 준다는 사실을 보여 준다.

3년 동안 육체 활동을 늘렸던 여성들은 활동을 줄였던 여성들에 비해 HDL(좋은 콜레스테롤)의 감소가 덜해지고 몸무게가 덜 늘었음을 보여 주었다. 심리적 검사에서는 활동량이 더 높은 그룹이 또한 스트레스와 우울증에 있어서 보다 낮은 증가를 보여 주었다.

이 외에도, 전문가들은 운동이 갱년기 이후에 가속화되는 뼈의 악화에 저항하며, 이것이 노년기 골절을 줄이는 데 도움이 된다고 말하고 있다.

절제된 양이라고 하더라도, 갱년기에는 운동을 시도하자, 연구에 따르면, 하루에 불과 20분 걷는 것으로도 여성들의 건강을 돕는 데 충분했다.

어휘연구

decline ⓝ 감소, 쇠퇴(= drop dwindling, diminution) psychological ⓐ 심리학의, 심리적인(= psychic, mental) depression ⓝ 우울증(= dejection, sadness), 저하, 강하 counter ⓥ 반대하다, 반격하다(= oppose, reject) **cf** counterpunch 권투의 반격(= counter blow) accelerate ⓥ 촉진하다, 가속하다(= speed, quicken) fracture ⓝ 골절(상)

비대한 라틴 여성들

Sketchy data compiled by the Food and Agriculture Organization (FAO) show Mexican women have a 36 percent obesity rate. In the most closely comparable U.S. studies, the U.S. Department of Agriculture estimates that 34 percent of American women are overweight, while 58 percent of Hispanic-American women are overweight.

FAO studies on obesity put Mexico somewhere in the middle of the spectrum for Latin America, because it showed one of the highest levels of obesity in the region. Uruguay and Chile were also put in the same place of this spectrum.

*Hispanic-American 라틴 아메리카 혈통의 미국인 *obesity 비만, 지나치게 뚱뚱함

1 밑줄 친 sketchy data 대신 사용할 수 없는 것은?

① imperfect data ② incomplete data ③ rough data
④ detailed data   ⑤ crude data

2 Which of the following is true?

① Mexico shows the highest obesity level in the world.
② Hispanic women living in America shows 34 percent of obesity rate.
③ Chile shows the similar obesity level to that of Mexico's.
④ Uruguay and Mexico shows 58 percent of obesity rate.
⑤ All of the above are not true.

3 다음 연결된 단어들의 관계가 나머지와 다른 것을 고르시오.

① closely – in detail
② compile – scatter
③ estimate – evaluate
④ necessary – indispensable
⑤ decide – determine

본문해석

식량 농업 기구(FAO)가 집계한 대략적인 자료는 멕시코 여자들이 36퍼센트의 비만율을 갖고 있음을 보여 준다. 가장 자세히 비교할 수 있는 미국의 보고서에서 미 농무성은 미국 여자의 34퍼센트가 비만인 반면 라틴계 미국 여성의 58퍼센트가 비만이라고 평가하고 있다.
FAO 비만 보고서는 멕시코를 라틴 아메리카 스펙트럼의 중간쯤에 놓았는데, 이는 멕시코가 이 지역에서 가장 높은 비만 수치들 중 하나를 보여 주었기 때문이다. 우루과이와 칠레도 또한 이 스펙트럼의 같은 위치에 놓였다.

어휘연구

sketchy ⓐ 스케치 형식의, 개략적인(= crude, rough, incomplete) **compile** ⓥ (자료를) 모으다, 집계하다(= collect, gather, assemble) **estimate** ⓥ 평가하다, 판단하다(= evaluate, assess, judge) **overweight** ⓐ 중량 초과의(= heavy, fat) **spectrum** ⓝ 스펙트럼, 분광, 범위(= range, category)

흡연자들의 습관

Most smokers have basically the same habits and the same excuses for not quitting smoking. Generally nervous, these people are always searching in their pockets for a cigarette.

ⓐ They shrug their shoulders when reminded of the health hazards of smoking.

ⓑ Don't they realize the risks they're taking?

ⓒ They must drop everything and run to store.

ⓓ How disappointed they are to discover that they're just finished a pack!

ⓔ Never. All of the smokers know smoking is a dangerous habit.

ⓕ It is because smoking is an immediate demand.

1 윗글은 한 단락의 첫 두 문장을 제외한 나머지 문장들을 순서에 관계없이 늘어놓은 것이다. 문맥에 맞게 재배열하고 순서대로 그 번호를 써 넣으시오.

본문해석

대개의 흡연자들은 기본적으로 똑같은 습관을 가지고 있고 담배를 끊지 못하는 데 대한 변명도 똑같다. 일반적으로 신경이 날카로운 이 흡연자들은 담배를 찾으려고 노상 주머니를 뒤지고 있다. ⓓ 그들이 담배 한 갑을 막 다 피운 것을 발견하게 되면 그들은 얼마나 실망하겠는가? ⓒ 그들은 틀림없이 만사를 제쳐 놓고 가게로 달려간다. ⓕ 흡연은 즉각적인 요구사항이기 때문이다. ⓐ 흡연이 건강에 해롭다는 것을 상기시켜 주면 그들은 어깨를 움츠린다. ⓑ 그들은 자신들이 처한 위험을 깨닫지 못하는가? ⓔ 결코 그렇지 않다. 모든 흡연자들은 흡연이 위험한 습관이라는 것을 알고 있다.

어휘연구

quit ⓥ ~을 그만두다, 포기하다(= stop, cease, abandon, give up) nervous ⓐ 신경이 예민한(= tense, hysterical, restless) shrug ⓥ 어깨를 움츠리다(= shrink, recoil) hazard ⓝ 위험(한 것)(= danger, risk, peril, jeopardy) disappoint ⓥ 실망시키다(= despair, frustrate, let down) immediate ⓐ 직접적인, 즉각적인(= direct, instant) remind A of B A에게 B를 상기시키다.

자동차와 환경오염

Autos are the number one cause of air pollution, as well as energy wastage. They kill 50,000 to 60,000 people a year—needlessly to say, from unsafe design. Highways and parking lots <u>drain</u> available agricultural and industrial land. The exercise of which they deprive us (walking, bicycling) is a major contributor to death from heart disease.

The 7.6 million we throw away each year, like beer cans, clog our landscapes and city dumps. The steel, rubber, glass, plastic and energy used in building eight to ten million new ones each year squanders scarce resources.

*squander 낭비하다(= waste, throw away)

1 본문을 잘 읽고 이 글의 요지 또는 중심 사상을 우리 글로 써 보시오.

2 다음 중 이 글에 쓰인 <u>drain</u>의 의미로 적절한 것을 고르시오.
　① to flow off gradually
　② to become gradually dry
　③ to empty by drinking
　④ to make weak and tired
　⑤ to use or use up wastefully

본문해석

자동차는 에너지 소비 뿐만 아니라, 대기 오염의 가장 큰 원인이다. 자동차는 연간 50,000 내지 60,000명을 죽게 하는데 – 말할 필요도 없이, 불안전한 설계 때문이다. 고속도로와 주차장들은 사용 가능한 농업용 부지와 산업용 부지를 고갈시킨다. 자동차들은 우리에게서 운동(걷기, 자전거 타기)을 빼앗아 감으로써 심장병으로 인한 사망의 주요 원인이 된다.

맥주 깡통처럼 우리가 매년 버리는 760만 대의 자동차들이 우리의 경관을 해치고 도시의 쓰레기 매립장들을 괴롭힌다. 매년 800만 내지 1,000만 대의 새 차를 만들기 위해 사용되는 강철, 고무, 유리, 플라스틱 및 에너지는 부족한 자원을 낭비한다.

어휘연구

drain ⓥ 고갈시키다(= empty, exhaust, use up), 배수하다(= draw off, pump out) contributor ⓝ 공헌자, 기고가 clog ⓥ 방해하다(= block, hinder), 괴롭히다(= annoy) dump ⓝ 쓰레기 버리는 곳 scarce ⓐ 부족한(= insufficient), 드문(= rare, singular) needlessly to say 말할 필요도 없이(= of course) deprive(= rob, dispossess, strip) A of B A에게서 B를 빼앗다

50 미국의 전력 수요

We can build lower-pollution electric power plants at ⓐacceptable cost, very probably, for a while. But even they will cause some pollution and require smokestacks that tower over landscapes and peaceful rivers. U.S. power needs are now doubling every ten years, far faster than the population. Can we really let everyone consume all the electricity he wants—for electric typewriters, electric pencil sharpeners, electric can openers, hair driers, knife sharpeners, shoe polishers? Do we really need endless miles of neon signs, scarring the roadsides and confusing drivers as well as eating up ⓑscarce energy? Do we really need air conditioning on days in the pleasant 70's, just because big buildings are now being erected with sealed windows (to keep out the pollution that this overuse of energy causes)?

1 What does they in line 2 refer to?

2 Choose the title that best expresses the main idea of this selection.
① Overuse of Energy
② U.S. Power Needs
③ To Keep out the Pollution
④ Increasing Needs for Energy
⑤ Electric Power Plants and Pollution

3 윗글에 쓰인 ⓐ, ⓑ와 바꾸어 쓸 수 있는 단어들로 이루어진 것을 고르시오.
① fair – abundant
② adequate – deficient
③ improper – rare
④ adequate – plentiful
⑤ unreasonable – plentiful

본문해석

우리가 적절한 비용으로 공해가 보다 적은 발전소들을 세울 수는 있지만, 그것도 십중팔구 잠시 동안 뿐이다. 그러나 그런 발전소들조차 다소의 공해를 유발할 것이며 주변 경관과 평화로운 강들 위로 높이 솟은 굴뚝들을 필요로 할 것이다. 미국의 전력 수요는 이제 매 10년마다 두 배가 되고 있는데, 인구보다 훨씬 빨리 증가하고 있다. 우리가 과연 모든 사람이 전동 타자기, 전기 연필깎이, 전기 깡통 따개, 헤어드라이어, 전기 칼갈이, 구두 광택기 등을 위해 자신이 원하는 전기를 소비하도록 할 수 있을 것인가? 우리가 과연 부족한 에너지를 소모할 뿐만 아니라, 도로변을 흉하게 만들고 운전자들을 혼동시키는 끝도 없이 서 있는 네온사인들을 필요로 하는가? 우리가 과연, (에너지 남용으로 발생하는 공해를 차단하기 위해) 건물들이 이제는 창문들을 막아 버린 채로 세워진다는 이유만으로, 기분 좋은 70도(화씨)를 기록하는 날에도 에어컨을 필요로 하는가?

Teach Yourself

부사의 위치 I: only

부사는 일반적으로 문장의 앞, 뒤, 또는 본동사의 앞에 모두 위치할 수 있다. 그러나 only는, 다른 부사와는 달리 그것이 수식하고자 하는 단어의 앞에만 위치할 수 있는 색다른 부사이다. 다음 예문들을 보면서 그 위치에 따른 의미의 변화를 살펴보자.

① *Only* I love you. (○)
② I *only* love you. (○)
③ I love *only* you. (○)
④ I love you *only*. (×)

예문 ①은 '나만이 너를 사랑한다.'라는 의미로 only가 I를 수식하고 있고, 예문 ②는 only가 동사 love를 수식하여 '나는 너를 사랑하는 행위 외에는 아무것도 못한다.'는 뜻이 되며, 예문 ③은 only가 you를 수식하여 '나는 너만 사랑한다.'는 의미가 된다. 그러나 예문 ④는 only의 위치가 문장의 맨 뒤에 위치하기 때문에 수식할 대상이 없으므로 틀린 문장이 된다.

어휘연구

acceptable ⓐ 적절한, 받아들일 만한(= reasonable, adequate, suitable) smokestack ⓝ 굴뚝 consume ⓥ 소비하다, 낭비하다(= use up, waste) scar ⓥ 망쳐 놓다, 흉하게 하다(= hurt, disfigure) erect ⓥ 세우다(= build, establish) seal ⓥ 밀폐하다, 봉하다(= close, shut, fasten) tower over ~위로 높이 솟다 deep out 쫓아내다, 차단하다

51 자동차 배기가스

1. Factory smoke and automobile exhaust combine with water droplets in the air form "acid rain" which ⓐ lakes, rivers, and streams.
2. Considerable ⓑ has been made toward decreasing the amount of pollutants in car exhaust.
3. Scientists are trying to determine the weather conditions that cause tornados; and eventually the storms may become more ⓒ .

1 다음 중 각각의 빈칸 ⓐ, ⓑ, ⓒ에 알맞은 단어로만 이루어진 것을 하나 고르시오.

① clean – retrogression – predictable
② pollutes – progress – unpredictable
③ contaminates – retrogression – unpredictable
④ clean – advance – unpredictable
⑤ pollutes – progress – predictable

2 다음 중 밑줄 친 단어의 접미사 –let과 같은 의미의 접미사를 갖지 않은 단어는?

① pamphlet ② booklet ③ leaflet
④ streamle ⑤ No answer

본문해석

1. 공장 매연과 자동차 배기가스는 대기 중의 물방울과 화합하여 산성비를 형성하는데, 이것은 호수, 강, 시내를 오염시킨다.
2. 자동차 배기가스에 들어 있는 오염 물질의 양을 줄이는 데 상당한 진전이 이루어졌다.
3. 과학자들은 회오리바람을 일으키는 기상 조건들을 측정하려고 노력하고 있으며, 결국 폭풍은 더욱 예측 가능해질 것이다.

어휘연구

exhaust ⓝ 배출물, 배기가스, 폐기물(= waste material) **combine** ⓥ 결합하다, 화합하다(= join, unite, connect, link) **considerable** ⓐ 상당한(= notable, noticeable, conspicuous) **pollutant** ⓝ 오염 물질(= contaminant, impurity, dirt) **tornado** ⓝ 회오리바람, 대선풍(미시시피 강 유역에서 주로 발생) **eventually** ⓐⓓ 결국, 마침내(= finally, ultimately, at last) **acid rain** 산성비(대기오염으로 인해 황산, 질산이 고농도로 포함된 비)

교통 위기의 해결책

Week by week the amount of car traffic on our roads grows, 13 percent in the last year alone.

Each day as I walk to work, I see the <u>ludicrous</u> spectacle of hundreds of commuters sitting alone in four-or five-seater cars and barely moving as fast as I can walk.

Our traffic crisis now presents us with the classic conservation dilemma—too many people making too much demand on inadequate resources.

There are four possible solutions: One, provide more resources, in this case build more roads and car parks; two, restrict the availability of motorized transport by artificially raising the price of vehicles and fuel; three, license only those with a good reason for needing motorized transport and prohibit unnecessary use; four, reduce the average size of motor vehicles, especially those used for commuting purposes.

*commuter 교외 통근자

1 Which of the following is not true?

① The amount of traffic constantly increasing.

② Many a commuter uses his car for only himself.

③ Now we are facing the big problem of resource conservation.

④ There are only four solutions for the traffic problem.

⑤ One solution is to prohibit unnecessary use of cars.

2 The underlined word ludicrous is synonymous with

① exciting ② ridiculous ③ delightful
④ unusual ⑤ solemn

3 With regard to the central idea of this selection, which of the following is suitable for the title?

① Car Traffic on Our Roads ② Many Traffic Problems
③ Today's Traffic Crisis ④ Commuters' Traffic Crisis
⑤ Solutions for Traffic Crisis

본문해석

매주, 우리 도로 위의 자동차 교통량은 증가하고 있는데, 지난해만 해도 13퍼센트가 늘어났다.

매일 일터로 걸어갈 때 나는 수많은 교외 통근자들이 4~5인용 자동차 안에 혼자 앉아서 내가 걷고 있는 정도의 속도로 간신히 움직이고 있는 우스꽝스러운 광경을 본다.

우리의 교통 위기는 이제 우리에게 전형적인 보존의 문제 – 너무 많은 사람들이 불충분한 자원에 대해 너무 많은 요구를 하는 – 를 제시한다.

네 가지의 가능한 해결책들이 있다. 첫째, 더 많은 자원을 제공한다. 이럴 경우 더 많은 도로와 주차장을 세운다. 둘째, 인위적으로 탈것과 연료의 가격을 인상함으로써 자동차 운송 가능성을 제한한다. 셋째, 자동차 운송을 필요로 하는 적절한 이유를 가진 사람들에게만 면허를 허가해 주어서 불필요한 이용을 금한다. 넷째, 자동차들, 특히 통근용으로 사용되는 자동차들의 평균 크기를 줄인다.

어휘연구

ludicrous ⓐ 우스운, 바보 같은(= ridiculous, silly, absurd) barely ⓐⓓ 간신히, 거의~없는(= hardly, scarcely, seldom) conservation ⓝ 보존, 보호(= protection, preservation) dilemma ⓝ 딜레마, 궁지(= puzzle, predicament) inadequate ⓐ 불충분한(= insufficient, deficient, incomplete) restrict ⓥ 제한하다, 금지하다(= limit, restrain) motorize ⓥ 모터를 장치하다 vehicle ⓝ 탈것

감귤 껍질의 살균제

Did you know that lemon and orange peel is coated with wax and chemicals?

The skin of almost all citrus fruit sold in the United Kingdom is treated with fungicides to stop it going moldy. And the glossy surface is the result of bathing the fruit in wax.

Could the <u>fungicides</u> used on citrus peel be harmful—particularly since there's some evidence from laboratory tests that, in sufficient quantities, they may produce cancers or mutations in animals?

The Government doesn't feel there is any need to worry because the levels of fungicide permitted are very low. The levels are based on the amount that can be consumed daily without any significant effect.

*citrus 감귤류의 *mutation 돌연변이

1 본문을 읽고, 다음 문장을 완성하시오.

The author of the selection, after all, wants to persuade the people of the United Kingdom that _____.

2 *Permit* is to *allow* what *evidence* is to_____.

① cause ② definition ③ inquiry
④ proof ⑤ explanation

3 다음 중 밑줄 친 <u>fungicides</u>의 접미사 –cide와 같은 의미로 사용되지 않은 접미사를 가진 단어는?

① homicide ② bactericide ③ pesticide
④ herbicide ⑤ insecticide

본문해석

레몬과 오렌지 껍질의 표면이 밀랍과 화학 약품으로 덮여 있다는 것을 아는가?
대영 제국에서 팔리고 있는 거의 모든 감귤류의 껍질은 곰팡이가 스는 것을 막기 위해 살균제로 처리된다. 또한 표면의 윤기는 과일을 밀랍에 담그기 때문에 생긴다.
감귤 껍질에 사용되는 살균제는 몸에 해로울 것인가? 특히, 양적으로 충분할 때, 살균제가 동물에게 암이나 돌연변이를 일으킬 수 있다는 실험실의 실험에 의한 증거가 있다.
정부는 살균제의 허용 기준치가 아주 낮기 때문에 걱정할 필요가 없다고 생각한다. 그 기준은 어떤 중대한 영향을 끼치지 않고 매일 소비될 수 있는 양에 근거하고 있다.

어휘연구

peel ⓝ 과일[야채]의 껍질(= skin, layer, surface) **coat** ⓥ (표면에) ~을 씌우다(= cover), 칠하다(= laminate) **fungicide** ⓝ 살균제 **cf** insecticide 살충제, herbicide 제초제, homicide 살인 **moldy** ⓐ 곰팡이가 슨, 케케묵은 **glossy** ⓐ 윤이 나는, 광택이 나는(= shiny, shining, polished, glassy) **significant** ⓐ 중대한, 의미심장한(= important, crucial, vital, meaningful)

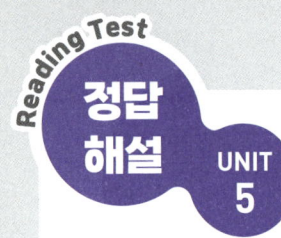

정답해설 UNIT 5 환경·건강

42 인간과 환경

1. People can change an environment, too. ⇒ 첫 문장은 화제문이고 나머지 문장들은 모두 이 화제문을 보충 설명해 주고 있다.
2. ① [날씨는 환경을 바꿀 수 있다.] ⇒ 본문 첫 문장에 부사 too가 나온 것으로 보아, 그 앞의 문장도 내용과 형식을 갖춘 문장이 나올 것을 예측해야 한다. 선택지 ②는 내용은 같지만 수동태의 형식을 쓰고 있어서 선택지 ①에 비해 적절하지 않다.
3. ② ⇒ 빈칸 앞과 뒤의 내용이 서로 상반된다. but은 문장의 앞에 위치하는 접속사이며 바로 뒤에 comma(,)를 찍어서는 안 된다.
4. ② ⇒ pollution 오염

43 타이가 지대의 환경 감시

1. ③ ⇒ 자연 보호 지역을 줄이는 것은 자연 보호에 오히려 역행하는 행위이다.
2. ① ⇒ 경제적, 재정적 문제가 타이가 지역의 자연 보호를 가장 어렵게 하는 원인이므로, 다른 문제들은 이 문제에서 파생된 것들이다.
3. ③ ⇒ 모두 접두사가 붙어서 원래의 의미와 반대되는 단어가 되었지만, ③의 migrant는 emigrant(나가는 이주민)와 immigrant(들어오는 이주민)를 모두 지칭하는 말이므로, 서로 반대의 의미가 될 수 없다.

44 흡연 반대운동

1. ⓐ: 국방성 안에서의 흡연 금지/ⓑ: FDA가 니코틴을 습관성 의약품으로 분류토록 하는 것
2. ② ⇒ assemble은 '모으다'라는 뜻이고, 나머지는 모두 '분류하다'의 뜻이다.
3. ③ ⇒ ① 그녀는 거기에 공짜로 세 들어 산다. ② 나는 할 일이 없기 때문에 지금 이 시간을 낼 수 있다. ③ 표면에 먼지가 없도록 해라. ④ 그는 돈을 아끼지 않고 쓴다. ⑤ 너는 그 차를 공짜로 사용할 수 있다.

45 흡연 반대운동 2

1. 흡연 금지
2. 흡연 금지로 인하여 요식업소의 판매, 특히 주류 판매에서 많은 손실을 보게 될 것이므로
3. ③ ⇒ 나머지는 모두 '반대하다'의 뜻으로 쓰였지만, 선택지 ③은 '동의하다'의 의미로 사용되었다.

46 갱년기를 극복하는 운동

1. ③ ⇒ 갱년기의 운동은 좋은 콜레스테롤 양의 저하를 오히려 막아 준다.
2. ① ⇒ 글 전체의 내용이 '운동이 갱년기에 도움이 된다'는 것이다.
3. ① ⇒ internal 안의, psychic 영혼의

47 비대한 라틴 여성들

1. ④ ⇒ detailed 세부적인, 자세한
2. ③ ⇒ 선택지 ①은 in the world를 in Latin America로 바꾸어야 정답이 될 수 있다.
3. ② ⇒ scatter 흩뿌리다, indispensable 필수의

48 흡연자들의 습관

1. ⓓ – ⓒ – ⓕ – ⓐ – ⓑ – ⓔ

49 자동차와 환경오염

1. 자동차가 주는 폐해
2. ⑤ ⇒ 이 글에서 drain은 use up, 또는 exhaust의 의미로 사용되었다.

50 미국의 전력 수요

1. lower-pollution electric power plants
2. ① ⇒ 이 글은 전반적으로 우리가 에너지를 지나치게 사용한다는 점을 열거하고 있다.
3. ② ⇒ improper = unreasonable ↔ acceptable = adequate

51 자동차 배기가스

1. ⑤ ⇒ 본문 해석 참고, retrogression 퇴보, predictable 예측 가능한, contaminate 오염시키다.
2. ⑤ ⇒ 접미사 –let은 '아주 작은'의 의미로 사용된다. ①~④는 모두 접미사로 사용된 단어들이다. ① 작은 인쇄물, 작은 논문, ② 작은 책자, ③ 작은 잎 전단, ④ 실개천

52 교통 위기의 해결책

1. ④ ⇒ 이 글에서는 네 가지의 가능한 해결책들이 있다고 언급했을 뿐, 네 가지의 해결책밖에 없다는 말은 없었다.
2. ② ⇒ delightful 기쁜, solemn 근엄한, 엄숙한
3. ⑤ ⇒ 이 글의 central idea, 즉 주제는 마지막 단락에 나오는 교통 문제 또는 위기에 대한 해결 방법들이다.

53 감귤 껍질의 살균제

1. the fungicides used on citrus peel are not harmful ⇒ 이 문제는 간접적으로 글의 주제(central-idea)를 묻고 있다.
2. ④ ⇒ definition 정의, inquiring 질문
3. ① ⇒ 접미사 –cide는 killer 또는 act of killing 두 가지 의미로 사용되는데, 여기에서 ①은 act of killing으로, 나머지는 모두 killer의 의미로 사용되었다. ① 살인 ② 살균제 ③ 살충제 ④ 제초제 ⑤ 살충제

UNIT 6

교육
Education

Reading Test **54** 대학엔 언제든지 갈 수 있다
Reading Test **55** 당신이 늦잠꾸러기라면
Reading Test **56** 일자리가 없기 때문에
Reading Test **57** 대학을 잠시 그만두는 것은
Reading Test **58** 영국 학생들의 책가방
Reading Test **59** 대학생과 도서관

대학엔 언제든지 갈 수 있다

College can do a great many things for many people in terms of education, career preparation, and training, in addition to helping them to grow as human beings.

There are many good reasons for going to college. It does not matter whether your main interest is career preparation, your own personal growth, intellectual and emotional fulfillment, simple curiosity, or the desire to have a good time. If you want to go to college, whatever the reason, go. But if college doesn't interest you, do something else.

Whatever you decide, remember that that decision is not irrevocable. If you decide to go to college, you will always have the options of dropping out, transferring, and taking some time off. If you decide not to go to college now, you can always go sometime in the future.

1 다음 단어들 중 나머지와 뜻이 다른 것을 하나 고르시오.

① achievement ② fulfillment ③ performance
④ disappointment ⑤ accomplishment

2 다음 중 이 글의 작가가 주장하는 바가 아닌 것은?

① College can grow people as human beings.
② Your decision to go or not to go to college is irrevocable.
③ If you don't go to college, you can go whenever you want to in the future.
④ If you go to college, you can leave it whenever you want to.
⑤ College can do a great number of things.

3 다음 중 이 글을 읽고 알 수 있는 내용이 아닌 것은?

① College is always open to everybody.

② College can let you prepare your career.

③ Some students go to college only because of curiosity.

④ College always makes you fill your interest.

⑤ Students can move from a college to another whenever they want to.

본문해석

대학은 교육, 직업 준비 및 훈련이라는 관점에서 많은 사람들을 위해 대단히 많은 일을 할 수 있으며, 이 외에도 그 사람들이 인간으로 성장하도록 도와준다.

대학에 가는 데는 많은 훌륭한 이유들이 있다. 당신의 주요 관심사가 직업의 준비이건, 당신 자신의 수양이건, 지적이고 감상적인 성취이건, 또는 시간을 잘 보내겠다는 욕망이건 상관없다. 당신이 대학에 가고 싶으면 그 이유가 무엇이건 가라. 그러나 대학에 흥미가 없으면, 그 밖의 다른 것을 해 보라. 당신이 무엇을 결정하건, 그 결정은 돌이킬 수 없는 것이 아님을 명심하라.

당신이 대학에 가기로 결정하면, 당신은 언제든지 중퇴를 하고, 전학을 하고, 잠시 동안 떠나 보는 등의 선택권을 가질 것이다. 당신이 당장 대학에 가지 않기로 결정하면, 이다음에 언제라도 갈 수 있다.

어휘연구

preparation ⓝ 준비, 대비(= readiness, arrangement) fulfillment ⓝ 성취(= achievement, performance, accomplishment) irrevocable ⓐ 돌이킬 수 없는(= unchangeable, irreversible) option ⓝ 선택(권)(= choice, alternative) transfer ⓥ 옮기다, 전학하다(= change, move) drop out 낙제하다, 중도 퇴학하다(= stop attending or taking part) take off 휴가를 내다, 쉬다(= have a holiday) in terms of ~의 견지에서(= with regard to, from the point of view) in addition to ~에 대하여(= as well as, besides)

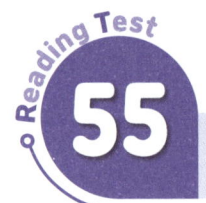

당신이 늦잠꾸러기라면

Be honest with yourself. If you are a late sleeper, ⓐ you are not likely to get to an early-morning class on time, or at all, no matter how much you enjoy the class and no matter how strong your resolve is.

Do not ⓑ sign up for an early-morning class in the hope that this will force to get up earlier. It rarely works and usually results in frequent absences or lateness. And even if it does manage to get you up and into the classroom, you will be so sleepy during the class that you will learn little, do poorly, and not enjoy the class. And you might fall asleep in class.

1 Write the main idea of this selection in English, by using the sentences or phrases in the text.

2 Translate the underlined ⓐ into Korean.

3 The underlined ⓑ in this context means

① record ② write ③ express
④ register ⑤ enlist

본문해석

자신에게 정직하라. 당신이 늦잠꾸러기라면, 당신은 시간에 맞춰 이른 아침 수업에 도착할 것 같지도 않고, 결코 도착할 수도 없을 것이다. 당신이 제 아무리 그 수업을 즐기고 당신의 결심이 아무리 강하다고 하더라도 말이다.

이른 아침 수업이 더 일찍 일어나게 해 줄 것이라는 희망으로 그 수업을 등록하지 마라. 잘되는 경우도 드물고 대개는 잦은 결석이나 지각을 초래한다. 또한 당신이 그럭저럭 일찍 일어나서 수업에 참석하게 된다 하더라도, 당신은 수업 시간에 너무나 졸린 나머지 배우는 것도 거의 없고, 성적도 시원치 않으며, 수업을 즐기지도 못할 것이다. 그리고 당신은 수업 시간에 곯아떨어질지도 모른다.

Teach Yourself

부사의 위치 II: 부정부사가 문두로 오면 주어와 동사가 도치되는 이유

부사는 일반적으로 문장의 앞, 뒤 또는 본동사의 앞 어디에나 위치할 수 있다. 그러나 부정부사(seldom, hardly, scarcely, rarely, never, not 등)는 그 위치가 원래 본동사의 앞(정확히 말하면 제1조동사의 뒤)에만 올 수 있도록 고정되어 있다. 즉, 부정부사들은 오직 본동사만을 수식할 수 있다. only와 not only도 같은 부류에 포함된다.

- I *can hardly* believe it.
- I *have never* seen a lion.
- I *seldom* see him.

따라서 부정부사들이 문장의 맨 앞으로 이동하면, 그 부사들이 원래는 본동사의 앞에 위치했음을 알려 주기 위해, 다시 말해서 본동사를 수식한다는 것을 알려 주기 위해, 부사 바로 앞에 위치하는 조동사를 동반하여 아래처럼 이동한다. 이것을 우리는 주어와 동사가 도치되었다고 한다.

- *Hardly can* I believe it.
- *Never have* I seen a lion.
- *Seldom* do I see him.

어휘연구

resolve ⓝ 결심, 결의(= resolution, decision) frequent ⓐ 자주 일어나는(= common, repeated ↔ rare, infrequent) be honest with ~에게 정직하게 털어놓다 on time 정각에, 시간에 맞춰 cf in time 시간 이내에(= within time) result in ~한 결과로 끝나다 manage to 가까스로 ~하다

56 일자리가 없기 때문에

In some countries the major function of education is not to train children for jobs, but to control a large sector of the community for which they cannot provide work. At present in Australia, for example, greater unemployment has led to children staying longer in school. This is not because schools have changed and are all of a sudden preparing children for work better than before. It is simply that children have no attractive alternative. There is no work, so they remain at school.

1 Students in Australia stay longer in school because

① schools there prepare the students for better work than before.

② the country provides much better educational condition than ever before.

③ the country need more skillful workers.

④ the country wants the students to study in detail.

⑤ the country cannot supply them with reasonable places to work.

본문해석

일부 나라들에서 교육의 주요 기능은 아이들에게 직업 훈련을 시키는 것이 아니고 그 나라들이 일자리를 제공해 줄 수 없는 넓은 분야의 공동체 사회를 통제하는 것이다. 예를 들면, 현재 오스트레일리아에서는 아주 큰 실업 현상 때문에 아이들이 학교에 더 오래 머물러 있게 되었다. 이것은 학교들의 태도가 변하여서 갑작스레 아이들로 하여금 이전보다도 더 훌륭히 일을 할 수 있도록 준비시키고 있기 때문이 아니다. 단지, 아이들은 전혀 매력적인 대안을 못 가지고 있을 뿐이다. 일자리가 없기 때문에 아이들은 학교에 남아 있다.

어휘연구

provide ⓥ ~을 주다, 공급하다(= supply, furnish) attractive ⓐ 매력 있는, 매혹적인(= appealing, tempting, alluring) alternative ⓝ 양자택일, 대안(= option, choice, substitute) remain ⓥ 남다, 머무르다(= stay behind, reside) not A but B A가 아니라 B all of a sudden 갑자기(= suddenly, unexpectedly)

대학을 잠시 그만두는 것은

Although few teachers or administrators will advise against taking time off from college, many parents think <u>it</u> is a bad idea. Often there are no concrete reasons for this, just a vague dread that once you leave school you will never go back. There is also the fear that you will be left behind your peers or that you will somehow be set back a year.

In fact, taking some time off from college is almost never harmful to one's personality, education, or career. More often than not, <u>it</u> is helpful in one or more of these three areas.

1 이 글의 중심 사상(또는 요지)은 무엇인가? 40자 내외의 우리말로 설명하시오.

2 What do the two underlined <u>it</u>'s mean?

3 다음 중 연결된 관계가 나머지와 다른 하나를 고르시오.
① concrete – abstract   ② vague – certain   ③ often – rarely
④ harmful – helpful   ⑤ dread – fear

본문해석

교사들이나 학교 행정 관리들이 대학을 잠시 그만두는 행위를 하지 말라고 충고하는 경우는 거의 없을 것이지만, 많은 부모들은 그런 행위가 나쁘다고 생각한다. 이런 생각에는 구체적인 이유가 전혀 없는 경우가 흔하며, 일단 학교를 떠나면 다시는 돌아가지 못하리라는 막연한 두려움이 있을 뿐이다. 또한 동료들에게 뒤처질 것이라거나 어쨌든 1년을 뒤지게 될 것이라는 두려움도 있다.

사실상, 대학을 잠시 그만두는 것은 자신의 개성, 교육 및 경력에 거의 해롭지 않다. 대체로, 그것은 이 세 분야들 중 한 가지 이상에 도움이 된다.

어휘연구

administrator ⓝ 관리자(= executive, manager, supervisor) concrete ⓐ 구체적인, 유형의(= specific, definite, particular, solid) vague ⓐ 막연한, 애매한(= uncertain, ambiguous, obscure) fear ⓝ 두려움(= dread, terror), 걱정(= apprehension, anxiety) peer ⓝ 동료, 또래(= fellow, colleague, company)   peer group 동료 집단 take off 떠나가다(= leave, depart) more often than not 대체로, 대개(= at most times, usually)

영국 학생들의 책가방

The most immediately impressive features of the English literature <u>volumes</u> are their size, their color, and their titles. In size they average about three pounds and about 700 pages (so, with the grammar and composition books and not including supplementary volumes, each student has about 5 ½ pounds and 1,100 pages of core books for his English class.) We can therefore sympathize with the teacher who complained that <u>students will soon have to drive cars to school merely to carry their books!</u>

1 글의 내용으로 보아 가장 마지막 줄의 밑줄 친 부분은 결국 무엇을 뜻하는가?

2 글의 흐름으로 보아 이 단락에서는 다루어지지 않았지만 뒤따라오는 단락들에서 반드시 다루어질 내용들은 무엇일지 본문에서 찾아 쓰시오.

3 Choose a word in this passage, which can replace the word <u>volumes</u>.

본문해석

가장 즉각적으로 마음에 와 닿는 영국 문학 서적들의 특징들은 그 크기, 색상, 그리고 제목들이다. 그 책들의 크기는 평균 3파운드 정도에 700페이지 정도이다. (그래서, 문법 및 작문 책들을 합하면, 보충 서적들은 포함시키지 않는다 하더라도, 각 학생은 영어 시간에 약 5.5파운드에 1,100페이지 정도의 기본 교재들을 지참한다.) 그러므로 우리는 단지 책을 가져오기 위해서도 학생들은 곧 학교에 차를 몰고 와야 할 것이라고 불평했던 선생님들에게 동감할 수 있다.

어휘연구

immediately ad 곧, 즉시(= at once, right away, instantly) impressive a 인상적인(= imposing, moving, touching) volume n 책, 서적(= book) average v 평균 ~에 이르다 composition n 작문(= writing) supplementary a 보충의(= additional, extra, complementary) sympathize v 동감하다(= agree), 동정하다(= pity) merely ad 단지, 그저, 오로지(= only simply)

대학생과 도서관

One of the ways that teachers often classify college students is in terms of their reasons for going to the library. One group of students, for example, will go to the library in the hope of meeting the presidents of Kappa Alpha Theta or Sigma Nu. For them the library just happens to be a way station en route to a pleasant evening. A second group of students will go to the library because they have midterms the following day. Then there is a third group of students (unfortunately perhaps fewer in number than either of the first two) who make regular visits to the library <u>on the chance of</u> encountering one useful, exciting idea that may be worth the whole semester's tuition.

*en route to ~의 도중에

1 Choose the most valuable group of college students in this context, and explain the group in Korean.

2 의미상 밑줄 친 <u>on the chance of</u>를 대신할 수 있는 단어 또는 구를 본문에서 찾아 쓰시오.

본문해석

교수들이 대학생들을 분류하는 흔한 방법들 중 하나는 학생들이 도서관에 가는 이유에 의한 방법이다. 예를 들어, 한 부류의 학생들은 Kappa Alpha Theta이나 Sigma Nu 동아리의 회장을 만나려고 도서관에 갈 것이다. 그들에게 도서관은 즐거운 저녁을 보내러 가는 도중에 우연히 지나치는 간이역에 불과하다. 두 번째 부류의 학생들은 다음 날 중간고사가 있기 때문에 도서관에 가는 것이다. 그리고 (불행하게도 앞의 두 부류보다 수적으로 적겠지만) 학기 전체 학비만큼 가치 있을 수도 있는 쓸모 있고 흥미로운 생각을 찾아내고자 도서관을 정기적으로 방문하는 세 번째 부류의 학생들이 있다.

Teach Yourself

● 평행구조(parallelism)의 용법

평행구조는 둘 이상의 유사한 개념들을 똑같은 문법적 구조로 표현하는 것을 말한다. 한 문장 안에 있는 유사한 개념들 중 앞의 것이 부정사로 사용되었으면 뒤의 것도 부정사로, 앞의 것이 동명사로 사용되었으면 뒤의 것도 동명사로 쓰는 것이 평행구조인 것이다.

1 단어나 구와 관련된 평행구조
- Elizabeth likes *apples, pears*, and *oranges*. [명사]
- Elizabeth likes *hiking, swimming*, and *bicycling*. [동명사]
- Elizabeth likes *to hike, to swim*, and *to ride a bicycle*. [부정사]
- Elizabeth likes to spend her time *in the library, in the laboratory*, and *at softball games*. [전치사구]

2 절과 관련된 평행구조
Elizabeth was happy when she was playing with Jane, when she was learning English, or when she was watching TV.

3 상관접속사와 관련된 평행구조
both A and B, either A or B, neither A nor B, not A but B, not only A but also B, not because A but because B 등의 상관접속사 구문에서 각각의 A와 B는 똑같은 문법적 구조로 이루어져야 한다.
- Both *Elaine* and *Jane* played tennis.
- Neither *the parents* nor *the children* liked hiking.
- Either *you are to blame* or *I am*.

어휘연구

classify ⓥ 분류하다, 등급을 매기다(= categorize, assort, group) midterm ⓝ 중간고사 encounter ⓥ 만나다, 조우하다(= happen upon, meet, run across) semester ⓝ (1년 2학기제의) 학기 cf quarter (1년 4학기제의) 학기 tuition ⓝ 수업, 수업료, 납입금(= education fee) in terms of ~의 관점에서(= with regard to, from the point of view) in the hope of ~을 희망하여 way station (큰 역들 사이의) 중간역, 간이역 on the chance of[that] ~을 은근히 바라고

Teach Yourself

○ **한정사(determiner)의 용법**
한정사는 관사(a, an, the)나 소유격 형용사(my, his 등)처럼 명사를 수식해 주는 단어들로서, 다음과 같은 특징을 가지고 있다.
① 항상 명사의 앞에 온다.
② 하나의 명사 앞에는 단 1개의 한정사만 올 수 있다.
③ 명사를 수식하는 형용사는 한정사와 명사의 사이에 위치해야 한다.

1 한정사의 종류는 다음과 같이 나눌 수 있다(아주 복잡한 것들은 일부 생략함).
  ① 관사 a, an, the
  ② 소유격 형용사 my, your, his, her, our, their, its 등
  ③ 관계사 whose, which(ever), what(ever) 등
  ④ 지시사 this, these, that, those 등
  ⑤ 부정형 one, some, any, every, each, another, either, neither, much, more, most, such, little, less, few, fewer, fewest, first 등

2 하나의 명사 앞에는 단 하나의 한정사만 올 수 있으며, 명사 수식 형용사는 한정사와 명사의 사이에 위치해야 하므로, 다음 표현들은 잘못된 것이다.
  • your some books: 명사 앞에 한정사가 두 개
    ⇒ some of your books
  • the this flower: 명사 앞에 한정사가 두 개
    ⇒ the flower 또는 this flower
  • your beautiful one gown: 명사 앞에 한정사가 두 개, 형용사가 한정사의 앞에 위치
    ⇒ one of your beautiful gowns, 또는 your beautiful gown
  • a pretty his girlfriend: 명사 앞에 한정사가 두 개
    ⇒ a pretty girlfriend of his, 또는 his pretty girlfriend

정답 해설 UNIT 6 교육

54 대학엔 언제든지 갈 수 있다
1. ④ ⇒ disappointment 실망
2. ② ⇒ 세 번째 단락 첫 행의 that decision is not irrevocable 참고
3. ④ ⇒ '대학이 학생의 관심을 항상 충족시켜 준다'는 내용은 본문에 나오지 않았다.

55 당신이 늦잠꾸러기라면
1. If you are a late sleeper, do not sign up for an early morning class.
2. 당신이 시간에 맞춰 이른 아침 수업에 도착할 것 같지도 않고, 결코 그럴 수도 없을 것이다.
3. ④ ⇒ 문맥 의미를 묻는 문제. 이 글에서 sign up for는 register의 의미로 사용되었다. enlist는 '징병에 응하다'의 의미로 사용된다.

56 일자리가 없기 때문에
1. ⑤ ⇒ 국가가 아이들의 일자리를 창출해 내지 못하기 때문에 아이들이 학교에 더 오랫동안 남아 있는 것이다.

57 대학을 잠시 그만두는 것은
1. 학교를 잠시 그만두는 것은 개성, 교육 또는 경력에 거의 해롭지 않으며, 대체로 이 세 가지 분야에 도움이 된다.
2. taking (some) time off from college
3. ⑤ ⇒ 선택지 ⑤는 동의어끼리 연결, 나머지는 모두 반의어끼리 연결되어 있다.

58 영국 학생들의 책가방
1. 학생들이 가지고 다니는 책(또는 책가방)의 부피가 너무 크고 무겁다.
2. their color and their titles ⇒ 이 단락에서는 size만 언급되었으므로 color와 titles는 뒤에서 언급될 것임을 유추해야 한다.
3. books

59 대학생과 도서관
1. 도서관을 정기적으로 방문하는 부류
2. in the hope of

UNIT 7

교훈
Lesson

Reading Test **60** 마음을 먼저 비우시오

Reading Test **61** 숫자보다 가치가 우선

Reading Test **62** 약한 생쥐조차도

Reading Test **63** 돌다리도 두드려 보고

Reading Test **64** 떡잎부터 안다

Reading Test **65** 관리자의 위험

마음을 먼저 비우시오

One day a well-known Japanese businessperson paid a visit to a famous Zen master to discuss Zen's relevance to management.

Following Japanese etiquette, the master served green tea. When the cup of the visitor was full, the master kept pouring; the tea overflowed. The businessperson startled.

"The cup is full; no more will go in," said the visitor.

The master answered, "Like this cup, you are full of your own thoughts. How can I show you Zen unless you first empty your cup?"

*Zen 불교의 선

1 Why did the master keep pouring until the tea overflowed?

① Because he didn't know the fact that it overflowed.

② Because he wanted the visitor to startle.

③ Because he wanted to give advice to the visitor.

④ Because he wanted to show the fact that he was narrow-minded.

⑤ Because it was etiquette to let the tea overflow.

2 밑줄 친 empty your cup의 속뜻은 다음 중 무엇이겠는가?

① 잔을 비우다　　② 심기일전하다　　③ 마음을 비우다

④ 차를 마시다　　⑤ 주장을 관철하다

3 다음 선택지 중 well-known과 의미가 다른 것을 고르시오.

① famous ② renowned ③ illustrious
④ notorious ⑤ prominent

본문해석

어느 날 저명한 일본인 사업가가 경영과 선의 연관성을 논의하기 위해 이름난 선의 대가를 방문했다. 일본식 예절에 따라, 그 대가는 녹차를 내놓았다. 손님의 찻잔이 가득 찼을 때, 그 대가는 계속 차를 따랐으므로 차가 흘러 넘쳤다. 그 사업가는 깜짝 놀랐다.

"찻잔이 찼으니 더 이상 안 들어갈 겁니다." 손님이 말했다.

그 대가가 대답했다. "이 찻잔처럼 당신은 당신의 생각으로 꽉 차 있습니다. 당신이 먼저 당신의 잔을 비우지 않는다면, 내가 어떻게 당신에게 선을 보여 줄 수 있겠소?"

어휘연구

well-known ⓐ 유명한, 잘 알려진(= famous, renowned, prominent, illustrious) relevance ⓝ 관련(성), 연관(성)(= relation, connection) pour ⓥ (액체 따위를) 붓다(= fill, spill) startle ⓥ 깜짝 놀라다(= surprise, frighten, shock) be full of ~로 가득 차다(= be filled with)

61 숫자보다 가치가 우선

A <u>controversy</u> prevailed among the beasts of the forest, as to which of the animals deserved to get the most credit for producing the greatest number of offspring at a birth. They rushed clamorously into the presence of the lioness, and demanded of her settlement of the dispute. They asked her "How many sons have you at a birth?"

The lioness laughed at them, and said, "Why! I have only one but that one is altogether a thoroughbred lion."

*thoroughbred 순수 혈통인

1 Which of the following can you learn from this story?

① All that glitters is not gold.
② Never judge by appearance.
③ Many a little makes a mickle.
④ The value is in the worth, not in the number.
⑤ Empty vessels make the most sound.

2 다음 중 <u>controversy</u>와 의미가 다른 단어를 고르시오.

① dispute   ② fight   ③ argument
④ quarrel   ⑤ debate

본문해석

숲 속의 짐승들 사이에 논쟁이 만연되었는데, 한 번에 가장 많은 수의 자식을 출산하는 데 있어서 어떤 동물이 가장 높은 점수를 받을 자격이 있는가에 대한 논쟁이었다. 그들은 소란스럽게 암사자 앞으로 몰려가서, 이 논쟁의 해결을 부탁했다. 그들은 암사자에게 물었다. "한 번에 자식을 얼마나 많이 낳으시죠?" 그 암사자는 그들을 비웃으면서 말했다. "왜! 나는 겨우 한 마리를 낳지만, 그 한 마리는 완벽하게 순수 혈통인 사자야."

어휘연구

controversy ⓝ 논의, 논쟁(= dispute, argument, quarrel, debate) deserve ⓥ ~할 가치가 있다(= be worthy of) prevail ⓥ 널리 퍼지다, 만연하다(= be overflowed, be prevalent, be widespread) clamorously ⓐⓓ 시끄럽게, 요란스럽게(= loudly, noisily) demand ⓥ 요구하다, 청구하다(= require, request, claim, ask, call for) settlement ⓝ 정착 해결, 결정(= decision, conclusion)

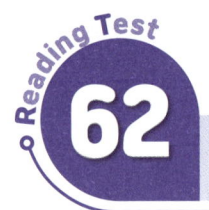

62 약한 생쥐조차도

A lion was awakened from sleep by a mouse running over his face. Rising up in anger, the lion caught him and was about to kill him, when the mouse piteously <u>entreated</u>, saying "If you only spare my life. I'd be sure to repay your kindness." The lion laughed and let him go.

It happened shortly after this that the lion was caught by some hunters, who bound him by very strong ropes to the ground. The mouse, recognizing his roar, came up and gnawed the ropes with his teeth.

After setting the lion free, the mouse exclaimed "You ridiculed the idea of my ever being able to help you, not expecting to receive from me any repayment of your favor, but now you know that _____."

*roar 포효, 크게 짖는 소리 *gnaw 쏠다, 물어 끊다

1 밑줄 친 부분에는 이 이야기의 주제와 관련된 내용이 들어가야 한다. 다음 중 알맞은 것을 고르시오.

① even a mouse can kill a lion
② you are not the strongest animal in the world
③ it is possible for even a mouse to confer benefits on a lion
④ a lion can't kill a mouse
⑤ you were so foolish that you were caught by some hunters

2 The word <u>entreated</u> in line 3 is synonymous with

① felt easy　　② laughed at　　③ fled
④ begged　　⑤ computed

본문해석

사자 한 마리가 얼굴 위를 뛰어넘는 생쥐 한 마리로 인해 잠에서 깨어났다. 분노하여 벌떡 일어난 사자가 생쥐를 잡아서 막 죽이려고 하는데, 그때 그 생쥐가 애처롭게 빌면서, "저를 살려 주시면, 사자님의 친절에 반드시 보답하겠습니다."라고 말했다. 사자는 웃으면서 생쥐를 풀어 주었다.

이 일이 있은 직후에 사자가 사냥꾼들에게 사로잡히는 일이 발생했는데, 그들은 매우 튼튼한 밧줄로 사자를 땅에 묶어 놓았다. 사자의 울부짖는 소리를 알아듣고서, 생쥐가 와서 그의 이빨로 밧줄을 쏠아 끊었다. 사자를 풀어 준 뒤, 생쥐가 큰소리로 말했다. "사자님은 제가 언제든 당신을 도와줄 수 있다는 생각을 비웃고, 당신의 호의에 내가 보답하리라는 것을 기대하지도 않으셨지만, 이제 당신은 _____."

어휘연구

piteously ad 애처롭게, 슬프게(= pitifully, sadly ↔ joyfully) **entreat** v 간청하다, 탄원하다(= beg, plead, appeal, petition) **spare** v 목숨을 살려 주다, ~을 떼어 두다(= set aside) **exclaim** v 외치다, 소리치다(= cry, shout, clamor) **ridicule** v 조롱하다, 조소하다(= deride, mock, make fun of) **be about to** 막 ~하려고 하다(= be going to, be just ready to) **set free** 석방하다, 풀어주다(= release, free)

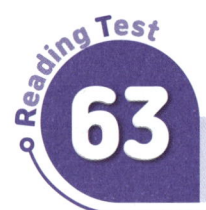

돌다리도 두드려 보고

Two frogs dwelt in a shallow pool. As the pool was dried up under the summer's heat, they had to leave it and set out together for another home. When they went along, they chanced to pass a deep well, amply supplied with water. On seeing the well, one of the frogs said to the other, "Let us descend and make our abode in this well. It will furnish us with shelter and food." The other replied with greater caution, "But suppose the water should fail us, how can we get our again from so great depth?"

1 윗글에서 얻을 수 있는 교훈으로 가장 적절한 것은 무엇인가?

① Do nothing without a regard to consequences.
② A friend in need is a friend indeed.
③ Everything has its own golden age.
④ Opportunity seldom knocks twice.
⑤ Every dog has its day.

본문해석

어느 얕은 연못에 두 마리의 개구리가 살았다. 여름철의 더위로 그 연못이 말라 버렸기 때문에, 그들은 그 연못을 놓아두고 다른 거처를 찾아 함께 출발해야만 했다. 길을 걷고 있을 때, 그들은 우연히 물이 풍부하게 공급되는 깊은 우물을 지나치게 되었다. 그 우물을 보자마자, 한 개구리가 다른 개구리에게 말했다. "내려가서 이 우물 속에 우리의 거처를 만들자. 이 우물은 우리에게 쉴 곳과 음식을 줄 거야." 다른 개구리는 한결 더 신중하게 대답했다. "그러나 물이 말라 버린다고 가정해 보게. 저렇게 깊은 곳에서 우리가 어떻게 다시 나올 수 있겠는가?"

어휘연구

dwell ⓥ 살다, 거주하다(= live, reside, inhabit) amply ⓐⓓ 풍부하게, 충분히(= abundantly, sufficiently, plentifully) abode ⓝ 거처, 주거지(= dwelling, home, residence) descend ⓥ 내려가다(= go down, move down, ascend, rise, mount) shelter ⓝ 은신처, 피난처(= refuge, sanctuary, asylum) set out for ~을 향해 출발하다(= start for, depart for) furnish A with B A에게 B를 공급하다(= supply A with B, provide A with B)

64 떡잎부터 안다

A blind man was accustomed to distinguish different animals by touching them with his hands. The whelp of a wolf was brought him, with a request that he would feel it, and say what it was. He felt it, and being in doubt, said: "I do not quite know whether it is the cub of a fox, or the whelp of a wolf. But I know well that it would not be safe to admit him to the sheepfold."

1 What can we learn from this story?

① Birds of a feather flock together.
② Evil tendencies are shown in early life.
③ Blood is thicker than water.
④ He who is born a fool is never cured.
⑤ Habit is a second nature.

2 다음 중 밑줄 친 부분과 바꾸어 쓸 수 있는 것을 고르시오.

① got used to
② was acquainted with
③ was addicted to
④ associated with
⑤ None of the above

본문해석

한 눈 먼 사람은 서로 다른 동물들을 손으로 만져서 구별하는 데 익숙했다. 누가 늑대 새끼 한 마리를 그에게 데리고 와서 그것이 무엇인지 만져서 맞춰 달라는 요구를 해 왔다. 그는 그것을 만져 보고서 의심스럽다는 듯이 말했다. "나는 그것이 여우 새끼인지 늑대 새끼인지 확실히는 모르겠소. 그러나 그것을 양의 우리에 들이는 것이 안전하지 못하다는 것은 잘 알겠소."

어휘연구

blind ⓐ 앞을 못 보는 distinguish ⓥ 구분하다, 차별하다(= differentiate, separate) whelp ⓝ 강아지, (늑대, 사자 등의) 새끼 cub ⓝ (여우, 곰, 사자 등의) 새끼 sheepfold ⓝ 양의 우리 be accustomed to ~에 익숙하다(= get used to)

관리자의 위험

A retired conglomerate president stated: "The danger starts as soon as you become a district manager. You have men working for you and you have a boss above. You're caught in a squeeze... You have guys working for you who are shooting for your job. Everybody says, 'The test of the true executive is that you have men working for you who can replace you, so that you can move up.' (   ). The manager is afraid of the bright young guy coming up. Fear is always prevalent in corporate structures."

1 글의 내용으로 보아 6행의 괄호 안에 들어갈 가장 알맞은 문장을 고르시오.

① That's nonsense   ② That's right   ③ That's great
④ I think so   ⑤ Managers agree, too

본문해석

어떤 은퇴한 대기업의 사장은 다음과 같이 말했다. "위험은 당신이 지역 관리자가 되자마자 시작됩니다. 당신은 당신을 위해 일하는 사람들을 거느리며 위로는 사장을 모십니다. 당신은 압박을 받게 되는데… 당신은 당신의 자리를 넘보면서 당신을 위해 일하는 사람들을 거느리는 것입니다. 모든 사람이 '진정한 중역이 될 수 있는 시금석은 당신이 진급할 수 있게끔 당신을 대신할 수 있는 부하를 거느리고 있느냐에 있다.'라고 말합니다. 그것은 쓸데없는 소리입니다. 관리자는 총명한 젊은이가 승진하는 것을 두려워합니다. 회사 조직 안에는 두려움이 항상 만연해 있습니다."

어휘연구

retire ⓥ 은퇴하다, 물러나다(= resign, seclude, leave) conglomerate ⓐ 집단으로 뭉친(= clustered, massed), 복합 기업의 district ⓝ 지역, 지구(= region, area, section) squeeze ⓝ 압착, 짜내기(= press, compress, jam) executive ⓝ 간부, 관리직, 경영진(= official, administrator) nonsense ⓝ 실없는 소리, 어리석은 행위(= silliness, foolishness) prevalent ⓐ 유행하는, 널리 쓰이는(= prevailing, widespread) be afraid of ~을 두려워하다(= fear, apprehend)

Reading Test 정답해설 UNIT 7 교훈

60 마음을 먼저 비우시오
1. ③ ⇒ 이 선의 대가는 사업가에게 마음을 먼저 비우라는 충고를 하고 싶었다.
2. ③ ⇒ You are full of your own thoughts. 참고
3. ④ ⇒ notorious는 악한 행위로 이름이 났을 때 주로 사용한다.

61 숫자보다 가치가 우선
1. ④ ⇒ 결국 main idea를 파악했는지를 묻는 문제인데, 본문에서 main idea는 마지막 문장에 나타난다. ① 반짝이는 것이라고 모두 금은 아니다. ② 사람을 외모로 판단하지 마라. ③ 티끌 모아 태산 ④ 값은 가치에 달려 있지, 숫자에 달려 있지 않다. ⑤ 빈 수레가 요란하다.
2. ② ⇒ fight는 육체적, 물리적 싸움이고, 나머지는 말다툼을 의미한다.

62 약한 생쥐조차도
1. ③ ⇒ 생쥐조차도 사자에게 은혜를 베풀 수 있다는 사실을 아셨을 겁니다.
이 이야기의 주제는 '아무리 약한 것이라도 더 강한 것을 도울 수 있다'는 것이다.
2. ④ ⇒ beg 빌다, flee 달아나다, compute 계산하다

63 돌다리도 두드려 보고
1. ① ⇒ 결과를 예측해 보고서 신중히 행동해야 한다는 이솝 우화이다.

64 떡잎부터 안다
1. ② ⇒ ① 유유상종 ② 사악한 성격은 어릴 적부터 드러난다. ③ 피는 물보다 진하다. ④ 천성적인 바보는 못 고친다. ⑤ 습관은 제2의 천성
2. ① ⇒ ② ~과 알게 되다 ③ ~에 푹 빠지다 ④ ~과 교제하다

65 관리자의 위험
1. ① ⇒ 괄호 앞의 문맥과 뒤의 문맥은 내용상 서로 상반되는 관계에 있으므로 나머지는 답이 될 수 없다.

UNIT 8

역사
History

- Reading Test 66　스페인의 쇠퇴
- Reading Test 67　한국 철도의 역사
- Reading Test 68　아스펜 시의 역사
- Reading Test 69　한국전쟁
- Reading Test 70　마틴 루터 킹
- Reading Test 71　선사 인류와 전쟁

스페인의 쇠퇴

In the sixteenth century, under Charles V and Phillip II, Spain had played a dominant role in European politics. Before the end of the seventeenth century, _____, the Spaniards had seen this position transferred to France, while their own country sank to the position of a second-rate power. After 1700, the reforms of the Bourbon kings induced a slight revival, _____ the Spanish nation did not recover the energy, the prestige, or the intellectual vigor which distinguished it in the age of gold.

*Spaniard 스페인 사람

1 Which of the following can be the best title for this paragraph?

① Spain in Decline ② Spain in Reform ③ Spain's Role
④ Spain's Recovering ⑤ Spain's Golden Age

2 Choose the suitable words for each blank.

① however, and ② however, but ③ but, and
④ but, while ⑤ but, however

본문해석

16세기에 카를 5세와 펠리페 2세의 통치하에서, 스페인은 유럽 정치를 주도했다. 그러나 17세기가 끝나기 전에 스페인 사람들은 이 주도권이 프랑스로 넘어가는 반면, 자신들의 나라는 이류 국가의 위치로 침체하는 것을 보았다. 1700년 이후에 부르봉 왕들의 개혁이 약간의 부흥을 유발하기도 했지만, 스페인은 황금기에 그 나라를 돋보이게 해 주었던 활력과 명성, 그리고 지적인 힘을 회복하지는 못했다.

어휘연구

dominant ⓐ 지배적인, 우세한(= leading, governing, ruling) ascendancy ⓝ 세력, 우세, 지배권(= domination) prestige ⓝ 명성(= fame), 위신(= authority) slight ⓐ 하찮은, 적은(= trifling, trivial) distinguished ⓐ 유명한(= famous), 돋보이는(= remarkable) play a role ~한 역할을 하다(= act, perform)

한국 철도의 역사

In 1945 when the nation was liberated from Japanese colonial rule, the total length of its rail tracks in service was 2,642 km. Now 48 years later, the figure has grown by only 450 km to 3,092 km, an average increase of less than 10 km a year. According to the Korean National Railroad (KNR), the nation's rail extension even decreased by 28 km in the 1990s. In the 1950s, the rail network was lengthened by 335.6 km, accounting for 74.5 percent of the entire increase since 1945. The following decade saw rail tracks extend by 116.4 km, while in the 1970s and 1980s, the additions were minimal, 25.1 km and 14.2 km, respectively.

The virtual discontinuance of investment in rail since 1970s was caused by the massive pouring of money into highway construction, according to KNR officials. But the government's neglect of rail appears to have been too excessive given the minus growth in the 1990s and the almost negligible annual additions in the preceding two decades.

*given ~을 고려할 때 (= considering)

1 The title which best expresses the main idea of this passage is

① The Total Length of Rail Tracks
② The Virtual Discontinuance of Investment in Rail
③ Increasing Rail Tracks
④ The History of Rail Extension in Korea
⑤ The Origin of the NKR

2 When was the worst time for the nation's rail extension?
① 1940s ② 1960s ③ 1970s
④ 1980s ⑤ 1990s

3 다음 중 increase와 반대되는 의미를 가지고 있지 않은 단어를 고르시오.
① diminish ② extend ③ decrease
④ reduce ⑤ lessen

4 Choose one sentence which in not true.
① Most of rail tracks in Korea were laid before 1945.
② The nation's rail extension has decreased year after year since 1945.
③ The decrease of rail extension in 1990s came from the government's neglect.
④ The rail extension in the 1950s was the best since 1945.
⑤ The government has neglected the investment in rail.

본문해석

한국이 일본 식민지 통치로부터 해방되었던 1945년도에는, 사용 중인 철도 선로의 총 길이가 2,642km였다. 48년이 지난 오늘날 그 수치는 불과 450km 차이 나는 3,092km로 늘어났으며, 매년 평균 10km도 증가되지 않았다. 한국 철도청에 따르면, 한국의 철도 길이는 1990년대에 28km가 줄어들기까지 했다. 1950년대에는, 철도망이 335.6km 연장되었는데, 이것은 1945년 이후 총 증가의 74.5퍼센트에 해당되었다. 그 이후 10년(1960년대) 동안 철도 선로는 116.4km 연장되었으나, 1970년대와 1980년대에는 각각 25.1km와 14.2km로 그 증가가 극히 적었다.

1970년대 이후 철도 투자의 궁극적인 중단은, 철도청의 어느 관리에 의하면, 고속도로 건설에 돈을 대량으로 쏟아부었기 때문에 일어났다. 그러나 1990년대의 마이너스 성장과 이전 20년 동안의 거의 보잘 것없는 연간 증가를 고려할 때, 정부의 철도 무시는 너무 극단적이었던 것으로 보인다.

어휘연구

liberate ⓥ 해방하다, 석방하다(= free, rescue, release) colonial ⓐ 식민지의 figure ⓝ 모양, 형태(= shape), 수, 수치(= number, numeral) virtual ⓐ 궁극적인, 사실상의(= practical, actual, substantial) discontinuance ⓝ 중단(= termination, finish, ending) massive ⓐ 대량의, 거대한(= very large, great, vast, enormous, grand, huge) extension ⓝ (철도의) 연장 부분 neglect ⓝ 소홀, 무시(= disregard, indifference, omission) according to ~에 따라서, ~에 의하면(= in accordance[conformity] with)

68 아스펜 시의 역사

Over a century ago, silver prospectors braved the wilderness of the upper valley of the Roaring Fork River, along a favorite hunting ground of the Ute Indians, to discover one of the richest silver lodes in the world. They came from Leadville, the second largest city in Colorado at the time, crossing the 13,000 feet Independence Pass on snowshoes. Thirteen hardy sourdoughs endured the rough winter of 1879 to protect the claims. They called their tent gathering Ute City, but as more minors arrived in the spring, the name was changed to Aspen in tribute to the graceful trees prevalent in the Valley.

By 1890, thousands of fortune seekers had arrived in Aspen to stake their claims. Aspen's silver mines produced nearly a quarter of a billion dollars, including the largest silver nugget ever found. The nugget weighed over a ton and was 93% pure. The fourteen trains a day that came into the valley were not enough; the ore, awaiting shipment, was stacked in the streets like high gray snow drifts. By 1890, there were 12,000 inhabitants in Aspen, six newspapers, three schools, ten churches, a modern hospital, an opera house, 70 bars and 5 first class hotels.

*sourdough 탐광자(= prospector)

1 The prospectors in Aspen

① originally came from the largest city in Colorado at that time.

② decided their land only by staking around it.

③ called their city Aspen from the first.

④ arrived there to find out the gold mines.

⑤ supplied 93% of silver produced in the world.

2 The name of the city of Aspen originally came from the name of _____.

3 The underlined in tribute to can be replaced with
① on account of ② with relation to ③ in relation to
④ because of ⑤ in commemoration of

4 Which of the following is true?
① Many prospectors gathered into Aspen to find precious stones.
② Every day they produced silver only enough to fill 14 trains.
③ Aspen occupied 93 percent of silver produced in Colorado.
④ Miners had called the city Ute before they called it Aspen.
⑤ The Ute Indians originally used Aspen district not for hunting but for mining.

본문해석

1세기 전에, 은(銀) 탐광자들은 전 세계에서 가장 풍부한 은 광맥들 중 하나를 찾아내기 위해 유트 인디언들이 애용하던 사냥터를 따라 로어링 포크강 상류 계곡의 무인 지대에 과감히 도전했다. 그들은 당시 콜로라도에서 두 번째로 큰 도시 레드빌에서 왔는데, 눈신을 신고, 13,000피트의 인디펜던스 패스를 넘어섰다. 13인의 억센 탐광자들이 그들의 채굴 지역을 지키기 위해 1879년의 험한 겨울을 견디어 냈다. 그들은 자기들의 천막촌을 유트시라 불렀지만, 더 많은 갱부들이 도착함에 따라 그 이름은 계곡에 널려 있는 수려한 나무들을 기념하여 아스펜으로 바뀌었다.

1890년까지, 수천 명이 행운을 찾아서 아스펜에 도착하여 그들의 채굴 지역에 말뚝을 박았다. 아스펜의 은광들은 그때까지 발견된 가장 큰 은덩어리를 포함하여 거의 2.5억 달러어치를 생산했다. 그 은덩어리는 1톤이 넘고 순도가 93%나 되었다. 매일 계곡으로 들어오는 14대의 기차로는 충분하지 못해서, 선적을 기다리는 광석이 짙은 잿빛의 퇴적설처럼 거리에 쌓여 있었다. 1890년까지, 아스펜에는 12,000명의 주민과 여섯 가지 신문, 세 채의 학교, 열 채의 교회, 현대식 병원 한 동, 오페라 극장 하나, 70개의 술집과 다섯 개의 일급 호텔들이 있었다.

어휘연구

brave ⓥ ~에 용감히 맞서다, 도전하다(= defy), 감히 ~하다(= dare) wilderness ⓝ 황야, 사람이 살지 않는 지역(= barrens, wasteland) lode ⓝ 광맥 claim ⓝ 주장, 권리, 채굴 부지 fortune ⓝ 행운(= luck, chance) stake ⓥ 말뚝을 박다, 경계를 정하다(= bound, mark) quarter ⓝ 4분의 1, 25센트 nugget ⓝ 덩어리(= lump, ball, chunk) shipment ⓝ 선적 drift ⓝ 표류, 경향, 추세, 퇴적(물) stack ⓥ 쌓다(= pile (up), heap (up)) in tribute to ~을 기념[칭찬]하여(= in commemoration of)

한국전쟁

On June 25, 1950, armed with Soviet weapons. North Korea's army invaded South Korea. President Truman immediately secured a commitment from the United Nations to defend South Korea, and American troops were sent into battle, later joined by contingents from Britain, Australia, Turkey, France and the Philippines. By September 1950, the North Koreans had conquered most of South Korea. The U.N. forces were confined to an area at Busan at the southern tip of the Korean peninsula. Then General Douglas MacArthur attacked a central Korea. The North Korean army was outflanked and shattered, and MacArthur's forces swept north toward the Yalu River—the boundary between North Korea and the People's republic of China. In November, however, Chinese troops counterattacked and forced the U.N. army south of the 38th parallel (the boundary between North and South Korea). MacArthur insisted air and sea assaults against China, but President Truman believed that such a <u>strategy</u> would lead to a wider conflict, and on April 11, 1951, he relieved MacArthur of his command. Peace talks began three months later, but the fighting continued until June 1953, and the final settlement left Korea still divided.

*contingent 파병대 *outflank (상대방의) 의표를 찌르다

1 According to the passage, which of the following is true?

① MacArthur succeeded in his assaults on China.
② Peace talks between South and North Korea began in April 1951.
③ In November 1951, Chinese troops counterattacked U.N. army.
④ MacArthur's strategy resulted in a wider conflict.
⑤ None of the above

2 What does the underlined strategy in line 14 mean? Explain it in English.

3 Choose one word which has different meaning from the other words.
① conquer ② overcome ③ occupy
④ seize ⑤ retreat

4 이 단락의 화제(topic)와 가장 잘 어울리는 우리말 제목은?
① 한국 전쟁 ② 맥아더의 활약 ③ 평화 회담
④ 남북 분단의 시작 ⑤ 트루먼의 맥아더 해임

본문해석

1950년 6월 25일, 소련제 무기로 무장한 북한 인민군이 남한을 침범했다. 트루먼 대통령은 남한을 방어하기 위해 U.N.의 의결안을 즉시 확보하였고, 미군이 전투에 파병되었으며, 이후 영국, 터키, 호주, 프랑스 및 필리핀의 파병 부대들이 합세했다. 1950년 9월까지 북한은 남한의 대부분을 점령했다. U.N.군은 한반도의 남쪽 끝에 위치한 부산 지역으로 고립되었다. 그때 더글러스 맥아더 장군은 한국 중부지방을 공격했다. 북한 인민군은 의표를 찔려서 분산되었으며, 맥아더의 부대가 북한과 중화인민공화국의 국경인 압록강까지 휩쓸어 올라갔다. 그러나 11월에 중국군이 반격을 가했으며 U.N.군을 38선(남북한의 경계)까지 밀어붙였다. 맥아더는 중국에 대한 공중 및 해상 공격을 주장했지만, 트루먼 대통령은 그런 전략이 더 폭넓은 전투를 끌어낼 것이라고 믿었고, 1951년 4월 11일 맥아더를 해임시켰다. 3개월 후 평화 회담이 시작되었지만, 전투는 1953년 6월까지 계속되었고, 최종 결정은 지금까지 남북을 분단된 상태로 남아 있게 했다.

어휘연구

arm ⓥ 무장시키다(= equip with weapon) weapon ⓝ 무기(= arms) invade ⓥ 침범하다(= raid, infringe, assault, attack) immediately ⓐⓓ 즉시, 즉각적으로(= at once, right away) secure ⓥ 확보하다, 획득하다(= obtain, achieve, grasp) defend ⓥ 방어하다(= protect, guard, save) battle ⓝ 전투, 싸움 (= conflict, fight) conquer ⓥ 정복하다, 점령하다(= occupy, seize, overcome) confine ⓥ 한정하다(= limit), 구금하다(= imprison) shatter ⓥ 산산이 조각나다(= break into small pieces) sweep ⓥ 휩쓸다 (= brush off, clear up) troop ⓝ 부대(= army, armed forces) parallel ⓝ 평행선, 평행 상태, 위선 advocate ⓥ 옹호하다(= support, idea or cause publicly) assault ⓝ 공격(= attack, invasion) strategy ⓝ 전략(= plan of action, policy, tactics) relieve A of his command 해임하다(= relieve A of his office)

마틴 루터 킹

Martin Luther King continued to conduct civil rights campaigns throughout the country, and in 1964 he has awarded the Nobel Peace Prize in recognition of his decade of leadership in nonviolent pretest (ⓐ) discrimination. Tragically, he was <u>assassinated</u> in Memphis, Tennessee, (ⓑ) April 4, 1968. By the time of his death, part of his "dream" had come true. Since then, much more of it has become a reality.

The sons of former slaves do sit down with the sons of former slaveholders. And people do ten to judge each other more often by the content of their character than by the color of their skins. Blacks can now be found in all professions. Blacks and whites work side by side. In many parts of the country, they live side by side. A survey conducted in 1985 showed that blacks are moving (ⓒ) inner cities to once all-white suburbs in ever-increasing numbers.

*campaign (목적의식을 가진 선거 따위의) 운동

1 According to the context, what did Martin Luther King want to acquire?

① independence　② freedom　③ equality
④ peace　⑤ comfort

2 ⓐ, ⓑ, ⓒ에 각각 들어갈 적절한 단어들로 연결된 것은?

① against − on − from　② about − on − with
③ from − in − from　④ from − on − from
⑤ with − in − for

3 The underlined <u>assassinated</u> can best be replaced by

① suicided　　② died　　③ massacred
④ killed　　　⑤ beaten

본문해석

마틴 루터 킹은 나라 전역에서 민권 운동을 계속 지휘하였으며, 그의 10년에 걸친 인종 차별에 대항한 비폭력 시위에서의 지도력을 인정받아 1964년에 노벨 평화상을 수상했다. 슬프게도 그는 1968년 4월 4일 테네시 주 멤피스에서 암살되었다. 그가 죽을 무렵에, 그의 꿈의 일부는 실현되었다. 그 이후로, 그 꿈의 훨씬 많은 부분이 현실이 되었다.

예전의 노예의 아들들이 예전의 노예 소유주들의 아들들과 자리를 함께한다. 또한 사람들은 그들의 피부색에 의해서보다는 더 자주 그들의 인격의 내용에 의해서 서로를 판단하는 경향을 가지고 있다. 이제는 모든 직종에서 흑인들을 볼 수 있다. 흑인들과 백인들이 나란히 일한다. 미국의 많은 지역에서, 그들은 나란히 살고 있다. 1985년에 시행한 한 조사는 흑인들이 도시 중심지로부터 한때는 백인들의 전유물이었던 교외로 계속 더 많은 수가 이동하고 있음을 보여 주었다.

어휘연구

conduct ⓥ 지휘하다, 인도하다(= direct, administer, lead) civil ⓐ 민간인의, 시민의(= civilian, non-military) recognition ⓝ 인정, 인식(= acknowledge, acceptance), 승인(= approval) decade ⓝ 10년간(= ten years) nonviolent ⓐ 비폭력적인(= peaceful, pacifist) protest ⓝ 항의, 이의 제기(= complaint, clamor, demonstration) discrimination ⓝ 구분, 차별(= bias, differentiation, separation) tragically ⓐⓓ 비극적으로, 슬프게도 assassinate ⓥ 암살하다(= murder, kill) slave ⓝ 노예(= servant) survey ⓝ 조사, 관측(= examination, study, scrutiny) tend to ~하는 경향이 있다(= be apt to, have a tendency to, inclined to) side by side 나란히, 협력하여(= abreast, in cooperation with)

선사 인류와 전쟁

As a matter of observable fact, war occurs in certain condition, not in others. There is no evidence of prehistoric man's having made war, for all his implements seem to have been designed for hunting, for digging, or for scraping hides; and we can be pretty sure that even if he did, any wars between groups in the hunting stage of human life would have been both rare and mild. Organized warfare is unlikely to have begun before the stage of settled civilization. In man, as in ants, war in any serious sense is bound up with the existence of accumulations of property to fight about.

However, even after man had learned to live in cities and amass property, war does not seem to have been inevitable. They early Indus civilization, dating from about 3000 B.C., reveals no traces of war. There seem to have been periods in early Chinese history, as well as in the Inca civilization in Peru, in which war was quite or almost absent.

1 According to the selection, which of the following is not true?

① War seems to have been inevitable after humankind began to establish cities and gather property.

② Wars among prehistoric human beings were not organized ones.

③ Prehistoric man's implements were made for hunting, digging, or scraping skins.

④ The Inca tribes perhaps didn't want to fight each other.

⑤ We don't have anything which shows the wars between prehistoric tribes.

2 According to the selection, when do ants begin to make war? Answer in Korean.

3 밑줄 친 of-전치사구를 절로 고쳐서 문장을 다시 쓰시오.

4 다음 중 이 글에 사용된 <u>certain</u>과 같은 의미로 사용된 것은?
① We have no <u>certain</u> dwelling place.
② Man is <u>certain</u> to die.
③ I am <u>certain</u> of his innocence.
④ He is <u>certain</u> to come.
⑤ The report is <u>certain</u>.

본문해석

관찰 가능한 사실로 볼 때, 전쟁은 특정한 환경에서는 발생하지만, 다른 환경에서는 발생하지 않는다. 선사 시대 인류가 전쟁을 했다는 증거는 없다. 선사 인류의 연장들은 모두 사냥, 땅파기, 또는 생가죽을 벗겨 내기 위해 고안되었던 것으로 보이기 때문이다. 선사 인류가 전쟁을 했다 하더라도, 인간이 사냥을 하던 단계의 부족 간 전쟁들은 드물었으며 가벼웠을 것이라고 우리는 상당히 확신할 수 있다. 조직적인 전쟁은 정착 문명 단계 이전에는 시작되지 않았을 것 같다. 개미와 마찬가지로 인간에게 있어 진지한 의미의 전쟁은 재산 축적을 위한 싸움이 생기면서 시작되었다.

그러나 인간이 도시에서 살고 재산을 모으는 것을 배우고 난 후에도, 전쟁이 필수적이었던 것 같지는 않다. 기원전 3000년경에 시작된 초기 인더스 문명은 전쟁의 흔적을 전혀 보여 주지 않는다. 페루의 잉카 문명에서뿐만 아니라 초기 중국의 역사에서도 전쟁이 전혀 또는 거의 없었던 것으로 보인다.

어휘연구

observable ⓐ 관찰할 수 있는(= apparent, noticeable, obvious) implement ⓝ 연장, 도구(= tool, device) scrape ⓥ 문지르다, 긁어내다(= rub, grind) hide ⓝ 가죽, 피혁(= skin, leather) warfare ⓝ 전쟁, 교전(= armed conflict, combat, battle, war) accumulation ⓝ 축적, 집적(= gathering, amassing, stack) amass ⓥ 모으다, 축적하다(= accumulate, gather, pile up, heap up) inevitable ⓐ 필연적인, 피할 수 없는(= destined, unavoidable, necessary) as a matter of fact 실은, 사실상(= in fact, really, actually) be bound up with ~과 밀접한 관계가 있다

UNIT 8 역사

66 스페인의 쇠퇴

1. ① ⇒ 16세기 유럽 정치에서 주도적 역할을 했던 스페인이 17세기 말엽에는 그 지위를 프랑스에 내주었으며, 18세기에 개혁을 시도했으나 결국은 회복을 못했다는 내용이다. 결국 스페인의 쇠퇴를 다룬 글이다.
2. ② ⇒ 두 개의 빈칸 모두 앞의 문장과 뒤의 문장의 내용들이 상반됨에 유의해야 한다.

67 한국 철도의 역사

1. ② ⇒ 이 글은 한국의 철도 투자가 너무 무시되었음을 얘기하고 있다. ④는 main idea와 관계있는 제목이 아니고, topic과 관계있는 제목이 될 것이다.
2. ⑤ ⇒ 1990년대에는 오히려 28km가 줄었으므로 최악의 시기라 할 수 있다.
3. ② ⇒ diminish, lessen, decrease, reduce: 줄어들다
4. ② ⇒ 1945년 이후에도 1990년대를 제외하고는 철도 길이가 조금씩이나마 증가했다.

68 아스펜 시의 역사

1. ② ⇒ ① the largest → the second largest ③ Aspen → Ute ④ gold → silver ⑤ 93%는 은의 순도(purity)를 말하는 것일 뿐 양이 아니다.
2. trees(또는 a tree)
3. ⑤ ⇒ in commemoration of ~을 기념하여, in-[with] relation to ~에 대해, because of ~때문에 (= on account of)
4. ④ ⇒ ① 은(銀)은 precious stone(보석)이 아니라 precious metal(귀금속)이다. ② 본문 해석 참조. only가 빠져야 한다.

69 한국전쟁

1. ⑤ ⇒ ① 맥아더는 중국 본토 공격을 주장했을 뿐 실행했다는 말은 본문 내용과 관련 없다. ② 그보다 3개월 후에 시작되었다. ③ 본문 내용상 1951년 4월에 맥아더를 해임했으므로, 중국의 반격 시기는 1950년 11월이다. ④ 트루먼이 그럴 것이라고 믿었을 뿐, 맥아더의 전략은 실행되지도 않았다.
2. air and sea assaults against China
3. ⑤ ⇒ retreat 퇴각하다, 철수하다
4. ① ⇒ 이 단락은 한국 전쟁, 즉 6.25전쟁의 자초지종을 소개한 글이며, ②~④는 모두 한국 전쟁과 관련된 사건들로서 ①의 내용에 흡수된다.

70 마틴 루터 킹

1. ③ ⇒ 흑인과 백인의 평등, 즉 equality를 보장받는 것이 마틴 루터 킹의 꿈이었다.
2. ① ⇒ ⓐ protest against ~에 반대하여 시위하다. ⓑ 정해진 날짜, 시간 등에 붙는 전치사 on ⓒ from A to B
3. ④ ⇒ suicide 자살하다, massacre 대량 학살하다

71 선사 인류와 전쟁

1. ① ⇒ inevitable → not been inevitable: 두 번째 단락 첫 문장 참고.
2. 상대편과 싸우기 위한 재산이 축적되었을 때
3. There is no evidence that prehistoric man had made war.
4. ① ⇒ ① 우리는 특정한 거처가 없다. ② 사람은 반드시 죽는다. ③ 나는 그의 무죄를 확신하고 있다. ④ 그는 반드시 온다. ⑤ 그 보고는 확실하다.

UNIT 9

문화
Culture

Reading Test 72   기계가 되려는 사람들
Reading Test 73   불의 이용
Reading Test 74   선물 전쟁
Reading Test 75   금기
Reading Test 76   인도의 뱀 마술사들

72 기계가 되려는 사람들

The number of people who want to be machines increase daily. This is a strange development the sociologists failed to foresee only a few years ago when they were worrying about the influence of ⓐ_____ on society.

At that time, they thought the ⓑ_____ would gradually become like people. Nobody expected people to become more like machines; surprisingly enough, however, that is what more and more people want to do.

Now we are faced with an entirely new and unexpected human drive—machine envy.

*sociologist 사회학자

1 밑줄 친 that은 어떤 내용을 말하는지 본문에서 찾아 쓰시오.

2 빈칸 ⓐ, ⓑ에 공통으로 들어갈 수 있는 한 단어를 본문에서 골라 쓰시오.

본문해석

기계가 되고자 하는 사람들의 수가 매일 증가하고 있다. 이것은 사회학자들이 사회에 대한 기계의 영향에 대해 걱정하고 있었던 불과 몇 년 전만 해도 예측하지 못했던 기이한 발전이다.

그 당시에 사회학자들은 기계가 점차 사람처럼 될 것이라고 생각했다. 어느 누구도 사람들이 더욱 기계처럼 될 것이라고는 기대하지 않았다. 그러나 정말 놀랍게도, 그것이 더욱더 많은 사람들이 하고자 하는 것이다.

이제 우리는 완전히 새롭고 예기치 못했던 인간의 충동, 즉 기계 선망에 직면하고 있다.

어휘연구

foresee ⓥ 예상하다, 예지하다(= foretell, predict, prophesy, forecast) **envy** ⓝ 부러움, 질투(= jealousy, enviousness) **gradually** ⓐⓓ 점차, 서서히(= by degree ↔ suddenly, abruptly) **entirely** ⓐⓓ 완전히, 전적으로(= completely, totally, perfectly, wholly) **drive** ⓝ 충동, 본능적 욕구 **fail to** 못하다, ~할 수 없다 **be faced with** ~에 직면하다(= be confronted with) **enough** 부사의 뒤에 위치하여 부사의 뜻을 강조함

73 불의 이용

Making fire was a difficult task for primitive people. Most primitive people made fire by rubbing dry sticks together very fast until the friction sent off sparks. The sparks <u>ignited</u> dry material called tinder. Later striking flint and steel together to make sparks replaced rubbing sticks. Because making fire was so difficult, guarding fire and keeping it going were important household tasks. Often borrowing coals from a neighbor was easier and faster than starting a new fire. According to writers of earlier times who wrote about making fire with flint and steel, the process could often take half an hour. Caring for fire was important. Changing to matches after they were invented in Sweden in 1844 made life easier from many people.

*tinder 부싯깃, 불타기 쉬운 물건   *flint 부싯돌(= firestone)

1 Write the topic of this paragraph in English.

2 본문을 읽고 불을 피우기 위해 사용된 도구들을 시대순으로 써 보시오.

3 다음 단어 중 <u>ignite</u>와 같은 뜻으로 쓸 수 있는 것을 고르시오.
① kindle   ② extinguish   ③ put out
④ distinguish   ⑤ turn off

본문해석

불을 붙이는 것은 원시인들에게는 힘든 일이었다. 대개의 원시인들은 마른 나무 막대기를 마찰로 불똥이 튈 때까지 아주 빠르게 문질러서 불을 붙였다. 불똥은 부싯깃이라 불리는 마른 물체를 점화시켰다. 이후에는 불똥이 튀도록 하기 위해 부싯돌과 쇳덩이를 함께 부딪치는 것이 나무 막대기를 문지르는 행위를 대신했다. 불을 붙이는 것이 너무 어려웠기 때문에, 불을 지키고 불이 계속 붙어 있도록 하는 것이 중요한 가사일들이었다. 흔히 이웃에서 석탄을 빌려 오는 것이 새 불을 붙이는 것보다 쉽고 빨랐다. 부싯돌과 쇳덩이로 불을 붙이는 것에 대해 글을 쓴 예전의 작가들에 의하면, 그 과정이 흔히 반 시간은 걸릴 수 있다. 불을 보존하는 것은 중요했다. 1844년 스웨덴에서 성냥이 발명된 후의 변화는 많은 사람들의 생활을 더욱 쉽게 해 주었다.

Teach Yourself

different from과 different than의 차이점

formal English에서는 different from을 사용하도록 권장하고 있으나, informal English에서는 different than이 많이 사용되고 있다. from은 전치사이기 때문에 그 뒤에 절(clause)이 올 수 없지만, 접속사 than 다음에는 절이나 생략절이 올 수 있기 때문이다. 물론, 명사구가 올 때에는 from을 쓰는 것이 원칙이다.

① This lake is quite *different from* that lake in appearance. [명사구]
② The lake looks *different than* I had remembered it. [절]
③ The lake looks *different from* what (or that which) I had remembered it. [명사절]

①에서는 명사와 명사의 구분이므로 from을 사용했다. 그러나 ②에서는 접속사 than을 사용하여 ③과 같이 명사절을 만들어야 하는 불편함을 제거했다.

어휘연구

primitive ⓐ 원시의(= primeval, aboriginal), 최초의(= original) rub ⓥ 문지르다, 마찰하다(= scrape, brush, scrub) friction ⓝ 마찰(= rubbing), 불화(= conflict) ignite ⓥ ~에 불을 붙이다(= kindle, light, fire, burn) care for ~을 돌보다(= take care of, look after, attend to)

74 선물 전쟁

Instead of taking up weapons against their enemies, certain clans of Alaskan Indians engage in wars of gift giving. To huge feasts—called potlatches—the hosts and guests will bring their most valuable belongings. Fur blankets, canoes, copper shields, and slaves may change hands as each clan tries to outgive the other. Much food is wasted, and some gifts are ⓐ<u>destroyed</u> by fire to add to the show. By imposing ⓑ<u>unbearable</u> shame upon its ⓒ<u>enemy</u>, the clan which offers the most valuable gifts wins the contest without the unnecessary shedding of blood.

*potlatch 북미 인디언들의 축제

1 Which of the following is right key words for this paragraph?

① the most valuable gifts
② certain clans of Alaskan Indians
③ their most valuable belongings
④ weapons against their enemies
⑤ wars of gift giving

2 Choose the topic of this paragraph, and translate it into Korean.

3 다음 중 ⓐ, ⓑ, ⓒ의 반의어로만 이루어진 것을 고르시오.

① spoil – patient – foe
② construct – intolerable – ally
③ construct – patient – friend
④ ruin – intolerable – friend
⑤ construct – impatient – opponent

본문해석

적을 향해 무기를 드는 대신에, 어떤 알래스카 인디언 부족들은 선물 주기 전쟁에 참여한다. 포틀래치라 불리는 큰 축제 행사에 주최 측과 손님 측은 그들의 가장 값진 소유물들을 가져온다. 각 부족마다 서로 더 많이 내놓으려고 함에 따라, 모피 담요, 카누, 구리 방패, 노예들의 임자가 바뀔 수 있는 것이다. 많은 음식이 소모되고, 어떤 선물들은 불로 파괴되어 구경거리를 더해 준다. 적에게 견딜 수 없는 창피를 줌으로써 가장 값진 선물들을 제공하는 부족은 불필요한 피를 흘리지 않고 싸움에 이긴다.

어휘연구

clan ⓝ 씨족, 일족(= family, tribe) engage ⓥ 약속하다, (적과) 교전하다, 종사하다 outgive ⓥ 물건을 더 주려 하다(= surpass others in giving) destroy ⓥ 파괴하다, 부수다(= ruin, break down ↔ construct) impost ⓥ 부과하다(= put, lay) shed ⓥ 흘리다, 쏟다(= drop, spill) take up 손으로 집어 들다 change hands (재산 따위) 임자가 바뀌다 try to 시도하다, 노력하다 _{cf} try –ing 시험하다, 해 보다

금기

But hair is not the only part of the body to which savages attach strange customs. Many primitive people believe that special care must be taken to prevent the soul from leaving the mouth when one is eating or drinking. Certain natives of the Slave Coast, for instance, fear that not only may a man's own soul depart while he is eating but that a homeless and unwelcome spirit may take the opportunity to enter his body. For this reason, they bar their houses while they eat so that their spirits may not stray far from their bodies.

*the Slave Coast (아프리카 기니아만 북쪽의) 노예 해안

1 Choose the topic sentence of this paragraph and translate it into Korean.

2 *Prevent* is to *prohibit* as *stray* is to _____.
① follow   ② lead   ③ wander
④ guide   ⑤ command

3 Consider what would be mentioned just before this paragraph, and explain it briefly in Korean.

본문해석

그러나 머리카락이 야만인들이 이상한 관습들을 부여하는 신체의 유일한 부분은 아니다. 많은 원시인들은 먹거나 마실 때 영혼이 입을 빠져 나가는 것을 막기 위해 특별히 주의해야 한다고 믿는다. 예를 들면 노예 해안의 어떤 원주민들은 어떤 사람이 식사를 하는 동안 자신의 영혼이 떠나 버릴 수 있을 뿐 아니라 거처가 없고 반갑지 않은 영혼이 자신의 육체로 들어갈 기회를 가질 수도 있다고 두려워한다. 이런 이유 때문에 그들은 자신들의 영혼이 육체로부터 멀리 떨어져 길을 잃지 않도록 하기 위해서, 식사하는 동안 집안의 문을 잠가 놓는다.

※ 4행의 not only may a man's own soul depart는 not only 부사구가 주어 a man's own soul 앞으로 이동했기 때문에 조동사 may가 주어 앞으로 나와서 문장이 도치되었다.

Teach Yourself

every day와 everyday의 차이점

1 every day는 부사구로서 '매일, 날마다(each day)'의 의미로 사용된다.
- Janet works *every day* except Sunday.
  쟈넷은 일요일을 제외하고 매일 일한다.

2 everyday는 형용사로서 '일상적인(usual, common)'의 의미로 사용된다.
- These are my *everyday* clothes.
  이것들은 나의 평상복들이다.

어휘연구

savage ⓝ 야만인, 미개인(= barbarian) primitive ⓐ 원시의, 태고의(= early, primeval) attach ⓥ 부여하다(= assign), 붙이다(= place) bar ⓥ 닫다(= lock, close), 금지하다(= ban, forbid) stray ⓥ 길을 잃다(= wander, roam) prevent A from ~ing A가 ~하는 것을 막다(= prohibit A from ~ing)

76 인도의 뱀 마술사들

How do the Indian snake charmers handle those live poisonous reptiles without being bitten? Visitors to the Hopi Indians rarely leave the reservation without asking. Because Indians forbid any white man from taking part in such a ceremony, scientists could come to one logical answer; before the Indians would exhibit the snakes, they would proceed to remove the fangs. Yet some scientists verify the fact that all the snakes had fangs. They have a different theory. The Indians take an important precaution; they extract most of the poison prior ⓐto the snake dance. Now the Indian can embrace the snake without being bitten. He will become valiant because he knows that the snake has only a partial supply of its deadly poison.

*charmer 마술사   *fang 송곳니, 건치

1 다음 중 두 단어의 연결 관계가 나머지와 다른 것을 하나 고르시오.

① forbid – prohibit   ② remove – include   ③ verify – prove
④ valiant – brave   ⑤ exhibit – display

2 According to the text, the Indians can embrace the poisonous snakes because

① they are not hurt by snake's poison.
② they got rid of most of the poison from the snakes.
③ originally the snake's poison is not fatal.
④ the snakes don't want to bite man.
⑤ None of the above

3 밑줄 친 ⓐ와 같은 용법으로 to가 사용된 문장을 고르시오.

① I have often been to Canada.
② They defended the city to the last man.
③ Tome and Judy stood face to face.
④ His first novel is inferior to this latest.
⑤ This is the key to the door.

본문해석

북미 원주민의 뱀 마술사들은 어떻게 뱀한테 물리지 않고 독을 가진 산 뱀들을 다루는가? 호피 인디언 부족을 방문한 사람들은 그 까닭을 물어보고서야 보호 구역을 떠난다. 북미 원주민들은 백인이 그 의식에 참가하는 것을 금하기 때문에, 과학자들은 한 가지 논리적인 해답에 이를 수 있었다. 즉, 원주민들은 뱀을 보여 주기 전에 송곳니를 제거하는 절차를 밟을 것이라는 해답이다. 그러나 어떤 과학자들은 모든 뱀들이 송곳니를 가지고 있다는 사실들을 입증한다. 그들은 다른 이론을 가지고 있다. 원주민들은 중요한 예방책을 취하며, 뱀 춤에 앞서 대부분의 독을 빼낸다는 것이다. 이렇게 되면 그 원주민은 물리지 않고서도 뱀을 껴안을 수 있게 된다. 뱀이 치명적인 독을 극히 일부만 가지고 있다는 것을 알기 때문에 그는 용감해질 것이다.

어휘연구

live ⓐ 살아 있는, 산(= living, alive, existent) poisonous ⓐ 유독한, 유해한(= toxic, noxious) reptile ⓝ 파충류의 동물 bite ⓥ 물다(= chew, gnaw, nip) rarely ⓐⓓ 거의 ~아니다(= scarcely, hardly, barely) forbid ⓥ 금지하다(= prohibit, prevent, ban) exhibit ⓥ 전시하다, 보이다(= show, display, demonstrate) verify ⓥ 증명하다(= prove, probe) precaution ⓝ 예방책(= prevention) embrace ⓥ 껴안다(= hug, clasp) valiant ⓐ 용감한, 용맹한(= brave, courageous) deadly ⓐ 치명적인(= fatal, mortal) prior to ~에 앞서, ~전에

정답해설 UNIT 9 문화

72 기계가 되려는 사람들

1. to become more like machines ⇒ that은 to부정사구를 받는 대명사로 쓰였다.
2. machines ⇒ 글 전체가 인간과 기계의 관계에 대해 서술하고 있음을 생각하여 답을 찾는다.

73 불의 이용

1. making fire ⇒ 이 글은 첫 문장이 화제문이며, 화제는 이 첫 문장 속에 들어 있다.
2. dry sticks → flint and steel → matches
3. ① ⇒ 나머지 단어들은 모두 '불을 쓰다'의 뜻으로서 ignite의 반의어로 쓰였다.

74 선물 전쟁

1. ⑤ ⇒ 문장의 전개 방향을 짐작하게 해 주는 것이 키워드로서, topic과 같은 기능을 수행한다고 생각할 수 있다.
2. 선물 주기 전쟁 ⇒ 이 글의 화제는 the war of gift giving이다.
3. ⑤ ⇒ spoil(= ruin 해치다, 손상하다), foe(= opponent, enemy 적), intolerable(= impatient, unbearable, 참을 수 없는)

75 금기

1. 많은 원시인들은 먹거나 마실 때 영혼이 입을 빠져 나가는 것을 막기 위해 특별히 주의해야 한다고 믿는다.
2. ③ ⇒ 동의어를 찾는 문제이다.
3. 야만인들이 머리카락에 대하여 가지고 있는 이상한 관습들.

76 인도의 뱀 마술사들

1. ② ⇒ 나머지는 모두 비슷한 말끼리 연결되었으나, ②는 반의어끼리 연결되었다.
2. ② ⇒ 본문 7~8행에 의하면, 그들은 뱀의 독을 미리 제거한다.
3. ④ ⇒ ① 방향의 to ② 정도의 to(~까지) ③ 대면의 to ④ 라틴어 비교급의 to(~보다) ⑤ 부속의 to(~에 속한)

UNIT 10

법·정치
Law · Politics

- Reading Test 77 법과 자유
- Reading Test 78 법의 기원
- Reading Test 79 대만과 ASEAN
- Reading Test 80 조용한 다수
- Reading Test 81 보스턴의 공회당

77 법과 자유

When you are a grown-up and have the liberty that grown-ups have, you will learn about certain rules that are called laws. Laws are made to protect the people who live together under them and the freedoms these people enjoy. For example, in a free country, a person may build a factory if he has money—but only where the law says he can. Why? Because a factory attracts many cars and trucks and may have noisy machinery. It would be unfair to have a factory on a street where many families live. The traffic would endanger the children, and the noise would annoy the people. So, by law, factories may be built only in certain places.

*grown-up 성인

1 이 글의 화제(topic)로 가장 적절한 것은?

① a grown-up ② liberty ③ laws
④ freedoms ⑤ factory

2 이 글의 중심 사상(main idea)이 들어 있는 문장을 해석하시오.

3 밑줄 친 부분과 같은 의미로 언급된 다른 문구를 본문에서 찾아 쓰시오.

4 이 글을 세 단락으로 나눌 때 다음 중 두 번째 단락과 세 번째 단락의 첫 두 단어로 맞는 것은?

① Laws are, For example
② Laws are, It would
③ For example, Why? Because
④ For example, It would
⑤ For example, The traffic

본문해석

당신이 성인이 되어서 성인들이 누리는 자유를 가지게 될 때, 당신은 법이라 불리는 특정 규칙들에 대해 배울 것이다. 법은 법 아래에서 함께 사는 사람들과 이 사람들이 누리는 자유를 보호하기 위해 만들어진다. 예를 들어, 자유 국가에서는, 돈이 있으면 공장을 지을 수 있겠지만, 법이 허용하는 곳에 만 지을 수 있다. 왜? 공장은 많은 자동차와 트럭들을 유인하며(교통 혼잡을 유발한다는 의미), 시끄러운 기계 설비를 가질 것이기 때문이다. 많은 가족들이 살고 있는 거리에 공장을 세우는 것은 온당치 않은 일이다. 교통은 아이들을 위협하고, 소음은 사람들을 괴롭힐 것이다. 그래서 법에 의거하여, 공장들은 특정 장소에만 세워질 수 있을 것이다.

Teach Yourself

주의해야 할 형용사형 I: -ly가 붙는 형용사들

영어에서는 단어의 끝에 접미사 -ly가 붙으면 부사로 사용되는 것이 보통이다. 그러나 다음 단어들은 형용사로 사용되므로 주의해야 한다.

1 명사 + -ly :
- friendly(친한)
- manly(남자다운)
- fatherly(아버지의)
- beastly(잔인한)
- leisurely(여유로운)
- lovely(사랑스러운)
- womanly(여자다운)
- brotherly(형제의)
- heavenly(천국 같은)
- costly(값비싼)
- deathly(죽은 듯한)
- motherly(어머니의)
- sisterly(자매의)
- masterly(대가다운)

2 형용사 + -ly : kindly(친절한)   lively(생기 있는)   likely(~할 것 같은)
deadly(치명적인)

cf) 형용사 + -ly는 부사로 사용되는 것이 일반적이기 때문에, 위의 형용사 + -ly형 단어들도 형용사뿐 아니라 부사로도 사용된다.

어휘연구

attract ⓥ 끌다, 유인하다(= tempt, allure, appeal to)   endanger ⓥ 위험에 빠뜨리다(= a risk, hazard, jeopardize)   machinery ⓝ [집합적으로] 기계류 cf machine은 낱개의 기계를 말함   annoy ⓥ 괴롭히다, 귀찮게 굴다(= bother, afflict, torture)

법의 기원

Laws, as they are known today in the democratic countries, were first made by the ancient Greeks and Romans. The Romans engraved their laws on flat stones or tablets, and set them up in their Senate where the lawmakers met together. Many of our ideas of law and justice have come from the ⓐ   .

But the ⓑ   of laws goes back even further into history than the ancient Greeks and Romans. Wherever and whenever people lived together, it has been necessary for them to have some ⓒ   .

*Senate (로마의) 원로원

1 빈칸 ⓐ, ⓑ, ⓒ에 각각 알맞은 단어들로 구성된 것은?

① Romans, origin, rules
② Greeks, idea, countries
③ stones, origin, countries
④ tablets, origin, rules
⑤ Romans, tablets, rules

2 The title best expresses the topic of this passage is

① The Ancient Laws of the Greeks and Romans
② The Ideas of Law and Justice
③ The History of Laws
④ The Ancient Laws
⑤ The Origin of Laws

3 다음 중 단어들의 연결 관계가 나머지와 다른 것을 고르시오.

① set up – establish
② engrave – inscribe
③ necessary – trifling
④ origin – source
⑤ justice – rightness

본문해석

오늘날 민주주의 국가들에 알려져 있는 것처럼, 법률은 고대 그리스인들과 로마인들에 의해 최초로 제정되었다. 로마인들은 그들의 법률을 평평한 돌판, 즉 평판에 새겨서, 입법 의원들이 모이는 원로원에 세워 놓았다. 법과 정의에 대한 우리의 관념들 가운데 많은 것들이 로마인들로부터 나왔다.

그러나 법의 기원은 고대 그리스인들과 로마인들보다 훨씬 이전의 역사 속으로 거슬러 올라간다. 사람들이 어디에서 언제 모여 살았든 간에, 그들은 어떤 규칙들을 가질 필요가 있었다.

Teach Yourself

Punctuation IV: colon(:)

colon은 어떤 진술과 이 진술에 대한 부연 설명 부분을 분리해 주는 부호로서, 다음과 같은 경우에 주로 사용된다.

1 앞에서 언급했던 사실에 대한 목록(list)이나 부연 설명에 사용
- She bought several items at the market: a fish, a knife, and two onions. (→ 목록)
그녀는 시장에서 몇 가지 품목, 즉 물고기 한 마리, 귤 한 개, 양파 두 개를 샀다.
- Suddenly I knew where I was: Seoul. (→ 부연 설명)
갑자기 나는 내가 있는 곳이 서울임을 알았다.

2 긴 인용문을 도입할 때 사용(짧은 인용문에는 comma 사용)
- In his Gettysberg Address, Lincoln said: "Four score and seven years ago our fathers brought forth on this continent, a new nation, conceived in liberty, and dedicated to the proposition that all men are created equal..."

3 책, 논문, 신문 기사 등의 제목(title)과 부제(subtitle)를 분리할 때 사용
- Women at Work: Case Studies of Working Mothers

4 시간과 비율 등을 나타낼 때 사용
- 12:30 P.M.
- 4:1

어휘연구

engrave ⓥ 새기다, 조각하다(= carve, inscribe, etch) tablet ⓝ 평판(= flat stone), 알약(= pill) necessary ⓐ 필수적인, 필요한(= indispensable, inevitable, essential) set up 세우다(= erect, establish), 시작하다(= begin, start)

대만과 ASEAN

　Like Malaysia and Singapore, Indonesia is part of the Association of South East Asian Nations (ASEAN). Taiwan has already asked to join—and been turned down. Prime Minister Lien Chan repeated the request, and President Lee will certainly raise the subject in Indonesian meeting. ASEAN has agreed that its secretary-general should visit Taiwan.

　Now it is possible that, at this summer's ASEAN foreign minister's meeting in Thailand, Taiwan will be granted "dialogue-partner" status—a step toward eventual membership.

*secretary-general 사무총장

1 이 글의 내용으로 보아 밑줄 친 the subject는 무엇을 말하는지 설명하시오.

2 이 글을 읽고 다음 중 어떤 것을 알 수 있는가?
① Taiwan will gain the membership this summer.
② Malaysia and Singapore are members of ASEAN.
③ Taiwan has been asked to join ASEAN by membership countries.
④ Indonesia does not have the membership of ASEAN.
⑤ Indonesia wants to become a member of ASEAN.

3 밑줄 친 turn down과 같은 의미를 가진 단어를 고르시오.
① approve　　　② recognize　　　③ admit
④ permit　　　⑤ reject

본문해석

말레이시아와 싱가포르처럼, 인도네시아는 동남아시아 국가연합(ASEAN)의 회원국이다. 대만은 벌써부터 가입을 요청해 왔지만 거절당했었다. 리엔 챈 수상은 이 요구를 거듭해 왔으며, 리 총통은 인도네시아 회담에서 이 주제를 거론할 것이 분명하다. ASEAN은 사무총장이 대만을 방문하는 데 동의했다. 이제, 올 여름 태국에서 열리는 ASEAN 외무장관 회담에서, 대만이 '대화 상대'의 지위, 즉 결국 회원국이 되기 위한 한 단계의 지위를 얻게 될 것이다.

어휘연구

association ⓝ 연합, 조합(= union), 협회, 학회(= club) request ⓝ 요구, 부탁(= want, requirement, demand) minister ⓝ 장관, 각료 cf prime minister 수상 status ⓝ 지위, 신분(= rank, standing, grade, position) turn down 거절하다(= reject, refuse)

조용한 다수

In recent years we have heard politicians talk about the "silent majority," meaning the average Americans who are decent persons, earn livings, follow the laws of the land, all in a quiet way. Those politicians might be surprised to learn that the philosophers and writers of old used the term "silent majority" when they were referring to dead people.

1 According to the passage, the definition of silent majority has been changed with the passing of time. Write the two definitions in Korean.

2 The verb phrase refer to in this context means

① regard   ② consider   ③ mention
④ think of   ⑤ look upon

본문해석

최근 몇 년 동안 우리는 정치인들이 '조용한 다수'에 대해 말하는 것을 들어 왔는데, 그 의미는 전혀 소리 내지 않으면서 점잖게 행동하고 생계비를 벌어들이며, 이 나라의 법률을 준수하는 평범한 미국인들을 나타낸다. 그런 정치인들은 예전의 철학자와 저술가들이 죽은 사람들을 언급할 때 '조용한 다수'라는 용어를 사용했음을 알면 놀랄지도 모른다.

어휘연구

majority ⓝ 대부분, 대다수(= mass, bulk) decent ⓐ 품위 있는(= courteous), 적당한(= respectable, suitable) refer to 언급하다(= mention, allude to) cf refer 간주하다(= consider, regard, look on, think of)

보스턴의 공회당

　In the early days of the city, the Puritans of Boston used their Common as both a jail and a place execution. The first man to be placed in the stocks on Boston Common was the carpenter who built them. His Puritan neighbors decided he had charged too much for his labor and promptly dealt with his obvious ungodliness. Later, a sailor who had just arrived home after being at sea for three years was whipped on the Common for kissing his wife in public on Sunday. But the flogging worked too well, for the next year he had to be punished for ignoring her. More desperate criminals were (hang) from a big elm tree on the Common. These included several women, one of whom had stolen a bonnet. Another lady was (hang) as a witch. She had made the mistake of curing sick friends with her herbs and homemade broth.

*Common 공회당 공회터, 집회터　*stocks 족쇄, (이 글에서는) 감옥

1　Who is the person that was not mentioned to be punished on Boston Common?

① A woman thief　② A quack　③ A carpenter
④ A sailor　⑤ A sailor's wife

2　Choose a sentence which contains the topic and main idea of this selection, and translate it into Korean.

3　괄호 안의 hang을 모두 알맞은 형태로 바꾸어 쓰시오.

4 The reason why the carpenter was punished is that

① he had kissed his wife in public. ② he had been at sea for a long time.
③ he had ignored his wife. ④ he had demanded improper charge.
⑤ he had stolen a bonnet.

본문해석

보스턴 시 초기에, 보스턴 청교도들은 그들의 공회당을 교도소이자 사형 집행 장소로 사용했다. 보스턴 공회당에서 최초로 옥에 갇힌 사람은 그 감옥을 만든 목수였다. 그의 청교도 이웃들은 그가 자신의 노동에 너무 많은 돈을 요구했다고 결정하고 그의 명백한 부도덕성을 즉결 처분했다. 그 후 3년을 바다에서 보내고 막 집에 도착했던 한 선원은 일요일에 사람들 앞에서 그의 아내와 입을 맞추었다는 이유로 공회당에서 채찍을 맞았다. 그러나 그 채찍질은 지나치게 효력을 발생했는데, 그 이듬해에 그가 아내를 무시했다는 이유로 벌을 받았던 사실로 보아 이를 알 수 있다. 더 극단적인 범인들은 공회당의 큰 느릅나무에서 교수형에 처해졌다. 이 중에는 몇 명의 여자들이 포함되었는데, 그중 한 사람은 보넷 모자를 훔쳤다. 또 다른 여자는 마녀라는 이유로 교수형 당했다. 그녀는 풀과 집에서 만든 묽은 수프로 아픈 친구들을 치료하는 잘못을 저질렀다.

※ But the flogging worked too well, for the next year he~: 여기에 사용된 for는 등위접속사로서 '~인 것으로 보아서'의 뜻을 가지고 있다.

Teach Yourself

marry, divorce의 용법
이 두 단어는 모두 타동사이므로 전치사 없이 목적어가 바로 따라온다. 목적어 없이 쓸 경우에는 get married, get divorced로 사용한다.

- Henry *married* Susan last year.
- Henry *got married* last year.
- Jane wants to *divorce* Tom.
- Jane wants to *get divorced*.

어휘연구

execution ⓝ (유언 따위의) 집행, 사형 집행 charge ⓥ 청구하다, 부담시키다(= demand, claim) obvious ⓐ 분명한, 명백한(= apparent, clear, explicit) ungodliness ⓝ 부도덕함 whip ⓥ 채찍질하다 flog ⓥ 채찍질하다 punish ⓥ 벌하다, 처형하다(= execute, condemn) desperate ⓐ 극단적인(= extreme), 필사적인 criminal ⓝ 범인(= offender) hang ⓥ ① 걸다, 매달다(hung-hung) ② 목을 매다(hanged-hanged) elm ⓝ 느릅나무 bonnet ⓝ 보넷 모자 witch ⓝ 마녀, 여자 요술쟁이 broth ⓝ 묽은 수프 promptly deal with 즉결 처분하다 make a mistake 실수하다(= commit an error)

UNIT 10 법·정치

77 법과 자유

1. ③ ⇒ 이 글은 법에 관한 이야기를 하고 있다. 즉, 이 글의 화제는 법(laws)이 된다.
2. 두 번째 문장, 법은 법 아래에서 함께 사는 사람들과 이 사람들이 누리는 자유를 보호하기 위해 만들어진다. ⇒ 작가는 두 번째 문장에서 법과 관련된 자신의 견해, 즉 main idea를 밝히고 있다.
3. where the law says he can
4. ① ⇒ 세 번째 문장에서부터는 main idea에 대한 예를 들어 작가 자신의 견해를 보강하고 있다.

78 법의 기원

1. ①
2. ⑤ ⇒ ③의 the history of laws에 현혹되면 안 된다. '법의 역사'는 이 단락의 title로 사용되기에는 지나치게 포괄적이기 때문이다. 이 단락은 법이 만들어지게 된 유래에 대하여 말하고 있으며, 마지막 문장이 그 유래를 설명해 주고 있다.
3. ③ ⇒ 나머지 선택지들은 모두 비슷한 말들로 연결되어 있으나, 선택지 ③은 반대말끼리 연결되어 있다.

79 대만과 ASEAN

1. 대만(Taiwan)의 ASEAN 가입
2. ② ⇒ 선택지 ①에 주의, 이번 여름에 대만은 단지 회원 가입을 위한 사전 단계 정도를 성취할 것이므로 ①은 본문의 내용과 어긋난다.
3. ⑤ ⇒ approve 승인하다, permit 허가하다, recognize 인정하다

80 조용한 다수

1. A: 평범한 미국인들, B: 죽은 사람들
2. ③ ⇒ context는 '문맥'을 의미하는데 '문맥 의미'란 바로 특정한 글 속에서 사용된 의미를 말한다. 이 글에서 refer to는 '언급하다'의 의미로 사용되었다.

81 보스턴의 공회당

1. ⑤ ⇒ quack은 '돌팔이 의사'의 뜻으로서, 치료 행위를 했던 여자를 지칭한다.
2. 보스턴 시의 초기에, 보스턴 청교도들은 그들의 공회당을 교도소이자 사형 집행 장소로 사용했다.
3. hanged ⇒ '교수형에 처하다'라는 의미일 때는 hang-hanged-hanged로 변한다.
4. ④ ⇒ 그는 부당한 요금을 청구했다.

UNIT 11

경제·보험
Economy·Insurance

Reading Test **82** 건강 보험
Reading Test **83** 한국 경제의 기적
Reading Test **84** 사업을 망치기 위한 다섯 가지 방법

건강 보험

All students are required to have health insurance. Students who cannot show proof of insurance coverage at the time of registration will be required to buy group insurance at <u>approximately</u> $35 per month. Such coverage, however, is limited to $250,000. Since health costs are the sole responsibility of the student, the student may wish to secure <u>additional coverage</u>.

*coverage (보험의) 보상 범위

1 이 글에서 알 수 있는 사항과 관련이 없는 것은?
① 모든 학생은 건강 보험에 가입해야 한다.
② 학교는 학생의 건강에 대해 책임을 진다.
③ 질병으로 인해 사용되는 경비는 학생의 책임이다.
④ 학생은 등록과 동시에 보험을 가지는 것이 원칙이다.
⑤ 35달러의 보험료는 최소한의 치료만을 보장한다.

2 밑줄 친 <u>additional coverage</u>는 무엇을 말하는지 구체적으로 설명하시오.

3 다음 중 본문의 <u>approximately</u> 대신 사용될 수 없는 것은?
① almost   ② about   ③ around
④ in sum   ⑤ more or less

본문해석

모든 학생들은 건강 보험을 가져야 한다. 등록 시에 보험 보상 범위에 대한 증명서를 제시할 수 없는 학생들은 대략 월 35달러 정도의 단체 보험을 사야 할 것이다. 그러나 단체 보험의 보상 범위는 250,000달러로 제한된다. 건강 부담금은 학생 자신의 책임이기 때문에, 학생은 여분의 보상 한도를 확보하려 할 수도 있다.

어휘연구

proof ⓝ 증거(= evidence), 증명(= verification) approximately ⓐⒹ 대강, 대략(= about, around, almost, more or less) sole ⓐ 유일한, 하나뿐인(= only, single, exclusive) secure ⓥ 확보하다(= acquire), 확실히 하다(= ensure) additional ⓐ 부가적인, 여분의(= extra, spare)

83 한국 경제의 기적

In 1951, in the midst of the war, General Douglas MacArthur addressed a joint session of our Congress. He said, "The magnificence of the courage and fortitude of the Korean people defies description." As he spoke those words, our Congress interrupted him with applause for you and your people.

After the war, Korean displayed that same fortitude. Korea faced every conceivable difficulty. Cities were in ruins; millions were homeless and without jobs; factories were idle or destroyed; hunger was widespread; the transportation system was dismembered; and the economy was devastated as a result of all these plagues.

And what did the Korean people do? You rebuilt your lives, your families, your homes, your towns, your businesses, your country. And today the world speaks of the Korean economic miracle. The progress of the Korean economy is virtually without precedent. With few natural resources other than the intelligence and energy of your people, in one generation you have transformed this country from the devastation of war to the threshold of full development.

1 본문을 토대로 빈칸에 알맞은 말들을 넣어서 다음 문장들을 완성하시오.

After _____ ended, the most valuable resources in Korea were _____ of the Korean people because there were _____ resources. In spite of every conceivable difficulty, however, Koreans made _____ which was virtually without precedent.

2 밑줄 친 <u>without jobs</u>를 둘째 단락의 단어들 중 하나를 참고하여 한 단어로 만드시오.

3 다음 단어 중 짝지어진 관계가 나머지와 다른 것을 하나 고르시오.
① threshold – ruin
② idle – not working
③ devastation – destruction
④ address – make a speech
⑤ plague – disaster

4 Which of the following is not mentioned in this selection?
① Most of factories were useless after the war.
② After the war, roads were destroyed.
③ After the war, there were no resources except intelligence and energy of people in Korea.
④ The economic development in Korea is unrivaled.
⑤ Korea is now on the threshold of full development.

본문해석

1951년, 전쟁의 와중에서 더글러스 맥아더 장군은 우리 의회의 양원 합동 회의에서 연설했다. 그는 말했다. "한국인들의 용기와 인내는 너무나 커서 말로 묘사할 수 없다." 그가 이런 말을 할 때, 우리 의회는 한국인들을 위한 박수갈채로 그의 말을 잠시 중단시켰다.

전후에 한국인들은 똑같은 인내를 보여 주었다. 한국인들은 상상할 수 있는 모든 어려움에 직면했다. 도시들은 폐허가 되었고, 수백만 명이 집을 잃고 직업을 잃었으며, 공장들은 휴업 중이거나 파괴되었고, 굶주림이 만연하였고, 교통 체계는 단절되었으며, 이런 모든 재난들로 인하여 경제는 황폐해졌다.

그러면 한국인들은 무엇을 하였는가? 그들은 그들의 생활, 그들의 가족, 그들의 가정, 그들의 도시, 그들의 사업, 그리고 그들의 나라를 재건하였다. 한국 경제의 발전은 사실상 전례가 없다. 한국 국민의 지성과 에너지를 제외한 다른 천연 자원들이 거의 없는 상태에서, 그들은 한 세대 만에 이 나라를 전쟁의 폐허로부터 완전한 발전의 문턱으로 바꾸어 놓았다.

어휘연구

magnificence ⓝ 장대, 웅대(= grandeur, splendor, majesty) fortitude ⓝ 인내(= patience, endurance), 용기(= courage) defy ⓥ 거부하다(= resist, rebel), 도전하다(= brave, dare) interrupt ⓥ 방해하다, 훼방놓다(= disturb, interfere, hinder) applause ⓝ 박수갈채(= clapping), 성원(= loud praise) conceivable ⓐ 상상할 수 있는(= thinkable, imaginable) ruin ⓝ 폐허, 파괴, 황폐한 것(= desolation, devastation) devastate ⓥ ~을 유린하다, 황폐화시키다(= destroy, destruct, ruin) plague ⓝ 재해, 재난(= disaster), 역병, 전염병 threshold ⓝ 입구, 시초(= entrance, beginning) in the midst of ~의 가운데에(= in the middle of)

사업을 망치기 위한 다섯 가지 방법

FIVE EASY STEPS TO KILL A BUSINESS

1. Don't advertise. Just pretend everybody knows what you have to offer.
2. Don't advertise. Tell yourself you just don't have time to spend thinking about promoting your business.
3. Don't advertise. Convince yourself that you've been in business so long customers will automatically come to you.
4. Don't advertise. Just <u>assume</u> everybody knows what you sell.
5. Don't advertise. Overlook the fact that advertising is an investment in selling, not an expense. Doing business without advertising is like winking at a girl in the dark _____.

1 이 글의 흐름으로 보아서 밑줄 친 부분에 들어갈 가장 적절한 표현은?

① you can't see what will happen in the near future
② everybody knows what you're doing, but only you don't
③ everybody knows what you're doing, and you yourself do
④ you know what you're doing, but nobody else does
⑤ you know what you're doing, and everybody does

2 The underlined <u>assume</u> is synonymous with

① convince　　② assure　　③ suppose
④ make certain　　⑤ persuade

본문해석

사업을 망치기 위한 다섯 가지 쉬운 방법

1. 광고하지 마라. 오직 당신이 팔려고 내놓은 물건을 모든 사람이 알고 있다고 상상하라.
2. 광고하지 마라. 스스로에게 당신은 사업 촉진에 대해 생각하는 데 허비할 시간이 없다고 말하라.
3. 광고하지 마라. 당신이 사업을 아주 오래 했기 때문에 고객들이 자동적으로 찾아올 것이라고 스스로에게 확신시켜라.
4. 광고하지 마라. 당신이 파는 물건을 모든 사람이 알고 있다고 가정만 하라.
5. 광고하지 마라. 광고는 지출이 아니라 판매에 투자하는 것이라는 사실을 무시하라. 광고 없이 사업하는 것은 어둠 속에서 여자에게 윙크하는 것과 같다.

어휘연구

advertise ⓥ 광고하다, 선전하다(= give publicity) **promote** ⓥ 촉진하다(= encourage, stimulate), 진급시키다 **convince** ⓥ 확신시키다(= assure), 납득시키다(= persuade) **assume** ⓥ ~이라 가정하다(= suppose, presume, pretend) **overlook** ⓥ ~을 눈감아 주다(= forget), ~을 무시하다(= neglect) **wink** ⓥ (한 쪽) 눈을 찡그리다

정답해설 UNIT 11 경제·보험

82 건강 보험

1. ② ⇒ 이 글은 학생 스스로가 자신의 건강을 책임지기 위해 보험을 들어야 한다는 것을 강조하고 있으며 학생의 건강을 학교가 책임진다는 내용은 찾아볼 수 없다.
2. 250,000달러를 초과하는 건강 비용
3. ④ ⇒ in sum = totally 총계, 전부

83 한국 경제의 기적

1. the war, the intelligence and energy, few natural, economic miracle
2. jobless ⇒ homeless를 참고할 것. endless, boundless…
3. ① ⇒ 나머지 지문은 모두 동의어로 연결되었으나 선택지 ①은 서로 관계없는 것끼리 연결되었다.
4. ③ ⇒ 본문의 few는 not enough의 뜻이지 nothing을 뜻하는 것이 아니므로, no resources는 사실이 될 수 없다.

84 사업을 망치기 위한 다섯 가지 방법

1. ④ ⇒ '당신은 당신이 무엇을 하는지 알지만, 다른 사람들은 전혀 모른다.' 이 글은 결국 광고를 하지 않으면 다른 사람들에게 사업 내용을 알릴 수 없다는 것을 말해 주고 있다.
2. ③ ⇒ make certain = assure 확실히 하다

UNIT 12

광고
Edvertising

Reading Test **85** 부고
Reading Test **86** 우울증을 치료해 드립니다
Reading Test **87** 카피라이터를 구합니다
Reading Test **88** 반프 레이크 루이스

85 부고

Alexander Graham Bell Fairchild was an entomologist and the last living grandson of Alexander Graham Bell. Mr. Fairchild spent almost 30 years studying the role of insects in disease. He was the author of more than 140 articles in scientific journals and a member of the New York Academy of Sciences.

Mr. Fairchild is survived by his wife, Elva, and a daughter, Alice.

*entomologist 곤충학자

1 이 글은 다음 중 어느 것과 관련이 있겠는가?
① obituary ② invitation ③ business
④ autobiography ⑤ literature

2 밑줄 친 문장을 우리 글로 옮기시오.

3 다음 중 disease와 같은 뜻을 담고 있지 않은 단어는?
① illness ② sickness ③ remedy
④ ailment ⑤ disorder

본문해석

알렉산더 그레이엄 벨 페어차일드는 곤충학자였으며 알렉산더 그레이엄 벨의 마지막으로 살아남은 손자였다. 페어차일드 씨는 플로리다 대학에서 곤충이 질병을 일으키는 데 끼치는 역할을 연구하는 데 거의 30년을 보냈다. 그는 과학 전문지에 140개 이상의 논문을 기고했으며 뉴욕과학협회의 회원이었다. 페어차일드 씨의 유족으로는 부인 엘바와 딸 엘리스가 있다.

어휘연구

insect ⓝ 곤충 cf insecticide 살충제 disease ⓝ 질병(= ailment, illness, sickness, disorder) article ⓝ (신문, 잡지의) 기사, (전문 잡지에 실린) 논문 survive ⓥ ~에서 살아남다, (수동태로 사용되어) 유족으로 ~가 남다(= outlive, outlast, remain)

Reading Test 86 — 우울증을 치료해 드립니다

Depression. It is a serious illness that disrupts the lives of over 10 million Americans every year.

In our effort to help, American Home Products has invested over $300 million to research this disease. The results of our research will help restore many patients to full functioning at their jobs, in their lives, and with their families.

American Home Products has been working for almost 70 years to solve some of our most important health problems. We've been pretty successful at <u>it</u>. Maybe that's why more of our drug products are in American medicine chests than those of any other company.

*medicine chest 의약품 상자

1 이 글은 다음 중 어떤 종류에 속하겠는가?
① article   ② miscellany   ③ advertising
④ thesis   ⑤ diary

2 밑줄 친 <u>it</u>이 가리키는 것을 찾아 써 보시오.

3 The word invest here means

① to keep and add to an amount of money for later use
② to use money to make more money out of something
③ to save money instead of being wasteful
④ to keep money in a special place
⑤ to hide money in a secret place

본문해석

우울증, 이것은 매년 천만 명이 넘는 미국인의 생활을 혼란에 빠뜨리는 심각한 병이다.
이를 돕기 위한 노력으로써, AHP는 이 병을 연구하기 위해 3억 달러 이상을 투자했다. 우리의 연구 결과들은 많은 환자들이 그들의 일터에서, 그들의 생활 속에서, 그리고 그들의 가족들과 함께 완전한 기능을 수행하도록 도와줄 것이다.
American Home Products는 우리의 가장 중요한 건강 문제들 중 일부를 해결하기 위해 거의 70년을 일해 왔다. 우리는 이 일에 대단히 성공적이었다. 아마도 그것이 우리 의약품들이 다른 회사 의약품들보다 미국인의 의약품 상자 속에 더 많이 들어 있는 이유일 것이다.

어휘연구

depression ⓝ 우울증(= a feeling of sadness and hopelessness) disrupt ⓥ 분열시키다, 혼란에 빠뜨리다(= upset, disorganize) invest ⓥ 투자하다(= contribute money to make money) restore ⓥ 복귀시키다(= return), 회복하다(= recover) chest ⓝ 가슴, 흉부(= breast), 상자(= box) miscellany ⓝ 잡동사니, 문집, (문집에 수록된) 글 advertising ⓝ 광고, 광고업

카피라이터를 구합니다

1. A major Korean conglomerate seeks copywriters with at least 2~3 years' experience, fluent in written and spoken English, and with word-processing skills. If interested, please send ⓐ_____ and a recent photo to the following address.
2. Occasionally some of his friends suggested to him that he should give the boys a little ⓑ_____, but he always said they must find ways for themselves.

*conglomerate 복합 기업, 대기업

1 글의 내용으로 볼 때, 빈칸 ⓐ와 ⓑ에 들어갈 말로 알맞게 짝지어진 것은?

① resume – scolding
② recommendation – advice
③ a letter – help
④ resume – guidance
⑤ recommendation – scolding

본문해석

1. 한국의 주요 대기업이 최소 2~3년의 경력과 워드 프로세싱 기능을 가진 영작문과 회화에 능통한 카피라이터(광고 문안 작성자)를 구합니다. 관심이 있으시면, 다음 주소로 이력서와 최근에 찍은 사진 한 장을 보내 주시기 바랍니다.
2. 때때로 그의 친구들 중 몇 사람은 그가 그 소년들에게 약간의 지도를 해 주어야 한다고 제안했지만, 그는 항상 그들이 스스로 길을 찾아야 한다고 말했다.

어휘연구

fluent ⓐ 유창한, 거침없는(= smooth, eloquent, flowing ↔ hesitant) occasionally ⓐd 때때로, 가끔(= sometimes, now and then, at times, from time to time) resume ⓝ 이력서 recommendation ⓝ 추천(장)(= commendation, approval)

반프 레이크 루이스

All the ingredients of a perfect (   ) are here. The majestic castles. The enchanted forests. The frosted <u>looking glass</u> lakes. There's only one difference. This isn't a fantasy. You can stay in the castles. You can ski through the forests. You can skate on the lakes. This is Bannf/Lake Louise, Alberta, the heart of the Canadian Rockies.

*looking glass 거울(= a mirror)

1 Which of the following is the most suitable for the above parenthesis?

① folktale ② myth ③ legend
④ witch story ⑤ fairy tale

2 다음 중 밑줄 친 <u>looking glass</u>와 같은 조어법으로 되지 않은 것을 고르시오.

① sleeping bag ② sleeping car ③ sleeping baby
④ hunting dog ⑤ hunting field

본문해석

완벽한 동화의 모든 요소들이 여기에 있다. 장엄한 성들, 매혹적인 숲들, 서리가 내린 거울 같은 호수들, 단 하나 차이가 있다면, 이곳은 환상이 아니다. 당신은 성에 묵을 수 있고, 숲에서 스키를 탈 수 있으며, 호수에서 스케이트를 탈 수 있다. 이곳은 앨버타 주의 반프 레이크 루이스, 즉 캐나다 로키산맥의 중심부이다.

어휘연구

ingredient ⓝ 성분, 요소(= element, component) fairy ⓝ 요정 cf fairy tale 동화(= nursery tale) majestic ⓐ 장엄한, 웅대한(= stately, splendid, gigantic) enchant ⓥ 황홀하게 하다(= charm, allure) frost ⓥ 서리로 덮다 fantasy ⓝ 상상, 환상(= fancy, imagination)

UNIT 12 광고

85 부고

1. ① ⇒ 마지막 문장이 이 글이 사망을 알리는 기사문의 일부임을 알 수 있게 해 준다.
2. 본문 해석 참조
3. ③ ⇒ remedy 치료

86 우울증을 치료해 드립니다

1. ③ ⇒ 이 글은 한 제약 회사가 자기 회사를 선전하는 광고문이다. 특히 이 글의 마지막 문장에서 이를 명확히 알 수 있다.
2. to solve some of our most important health problems
3. ② ⇒ invest는 '투자하다'의 의미이므로, '돈을 더 벌기 위해 돈을 사용하다'의 의미를 지닌 ②만이 답이 될 수 있다. ①은 '저축하다'의 뜻이다.

87 카피라이터를 구합니다

1. ④ ⇒ 첫 번째 글은 어떤 회사의 사원 모집 광고이므로 편지나 추천서보다는 resume, 즉 이력서가 답이 된다. 두번째 문장에는 guidance는 물론 advice나 help도 사용할 수 있지만, 선택지 ④만 resume를 포함하고 있다.

88 밴프 레이크 루이스

1. ⑤ ⇒ folktale 민화, myth 신화, legend 전설, witch story 마녀 이야기, fairy tale 동화
2. ③ ⇒ looking glass 거울(= a glass for looking), sleeping bag[car] 침낭[침대차](= a bag[car] for sleeping), hunting dog[field] 사냥개[터](= a dog [field] for hunting), sleeping baby 잠자는 아기(= a baby who is sleeping)

UNIT 13

예술·스포츠
Art·Sports

Reading Test **89** 스필버그와 쉰들러 리스트
Reading Test **90** 조깅을 좋아하는 이유는
Reading Test **91** 운동의 이용
Reading Test **92** 미국 예술의 특징

스필버그와 쉰들러 리스트

There seems little doubt that Steven Spielberg's long-awaited Oscar victory—some might call it coronation—will highlight the festivities at the 66th Annual Academy Awards. Spielberg's movies have already gained much more popularity from moviegoers than any other filmmaker's, but Hollywood's big prize has eluded him. Call it jealousy. Or perhaps academy voters didn't think his popular entertainments were worthy of awards. Whatever the cause, Spielberg's Holocaust drama "Schindler's List" seems likely to turn the trick, having already <u>reaped</u> a number of other awards.

*coronation 대관식 *Holocaust 대학살

1 다음 중 이 글의 내용과 맞지 않는 것을 고르시오.

① Spielberg's movie "Schindler's List" has already got many awards.
② Spielberg's Oscar award has already been decided by voters.
③ Spielberg didn't have any experience to get an Academy award.
④ There has always been some jealousy of Spielberg's success.
⑤ It is of great possibility that Spielberg can win Oscar awards this time.

2 According to the context, Spielberg

① is an actor.
② appears as Schindler in the movie.
③ got many Academy award before.
④ directed the movie.
⑤ got only several Academy awards before.

3 The word reap in this passage means

① to make a profit
② to obtain something
③ to move too fast
④ to cut and gather
⑤ to harvest a crop

본문해석

스티븐 스필버그가 고대했던 오스카상 수상이 – 이것을 대관식이라 부를 수도 있겠지만 – 제 66회 아카데미 시상식 축제를 절정에 달하도록 할 것이라는 데에는 거의 의심의 여지가 없는 것처럼 보인다. 스필버그의 영화들은 영화 팬들에게서 벌써부터 다른 어떤 영화 제작자들의 영화들보다도 훨씬 더 많은 인기를 얻었지만, 할리우드의 큰 상은 그를 피해 왔다. 이것을 질투라고 부르자. 또는 아카데미상 투표인들이 그의 인기 있는 영화들은 상을 받을 가치가 없다고 생각했지도 모른다. 이유야 어쨌든, 스필버그의 대학살 드라마인 '쉰들러 리스트'는 목적을 달성할 것으로 보이며, 이미 수많은 다른 상을 수상했다.

어휘연구

festivity ⓝ 축제, 제전, 경축 행사(= festival, carnival) **elude** ⓥ 피하다, 벗어나다(= avoid, escape, evade, flee) **jealousy** ⓝ 질투, 시기(= envy, enviousness) **reap** ⓥ 베어들이다, 수확하다(= harvest, gain, obtain) **turn the trick** 목적을 달성하다(= bring about the desired result)

90 조깅을 좋아하는 이유는

Jogging is my favorite outdoor activity. I like it not only because jogging keeps me in good physical condition, ⓐ_____ because as I jog, I become familiar with my neighborhood and can now see the whole scene. I notice the effects of the changing seasons on the houses and yards that I pass. I see many of the same people and dogs every day. This helps me to know the people of my neighborhood, so that I feel more a part of it.

In addition, my muscles are firm. I sleep better, and I have lost fifteen pounds already. The benefits of jogging are so many that I <u>look forward</u> eagerly <u>to</u> my daily routine.

1 빈칸 ⓐ에 알맞은 단어 또는 구를 쓰시오.

2 다음 중 글쓴이가 조깅을 함으로는 얻는 혜택과 관련이 없는 것은?
① 이웃 사람들과 사귈 수 있게 되었다.
② 주변의 계절 변화를 실감할 수 있었다.
③ 잠을 편히 자게 되었고 몸무게도 늘었다.
④ 몸의 근육이 더욱 튼튼하게 되었다.
⑤ 이웃을 더욱 이해하게 되었다.

3 이 글에 사용된 <u>look forward to</u>와 바꾸어 쓸 수 있는 것을 고르시오.
① look for ② long for ③ give up
④ rely on ⑤ participate in

본문해석

조깅은 내가 가장 좋아하는 바깥 활동이다. 내가 조깅을 좋아하는 이유는 그것이 나의 육체를 건강하게 유지해 주기 때문만이 아니다. 조깅을 함으로써 내가 이웃 사람들과 친해지고 이제 모든 풍경을 볼 수 있기 때문이다. 나는 내가 지나치는 집들과 마당들에 대해 계절의 변화가 주는 영향을 알아차린다. 나는 매일 똑같은 사람들과 개들을 많이 본다. 이것이 나로 하여금 나의 이웃 사람들을 알게 해주고, 그래서 나는 더욱 그 이웃의 일부임을 느낀다.

게다가 나의 근육은 탄탄하다. 나는 더욱 잘 자고, 이미 몸무게를 15 파운드나 줄였다. 조깅이 주는 이익이 너무 많아서 나는 매일 틀에 박힌 일(조깅)을 열심히 기대한다.

어휘연구

firm ⓐ 굳은(= hard, solid), 튼튼한(= strong, vigorous) benefit ⓝ 이익(= profit, advantage) routine ⓝ 일과(= procedure), 일상적인 일(= habitual activity) be[become] familiar with ~에 대해 잘 알고 있다, 친숙하다(= be acquainted with, be intimate with) look forward to ~하기를 고대하다(= long for, yearn for, anticipate)

운동의 이용

Like every other instrument that man has invented, sport can be used either for good or for evil purposes. Used well, it can teach endurance and courage, a sense of fair play and a respect for rules, coordinated effort and the subordination of personal interest to those of the group. Used badly, it can encourage personal vanity and group vanity, greedy desire for victory and hatred for rivals, an intolerant esprit de corps and contempt for people who are beyond a certain arbitrarily selected pale.

*esprit de corps 단체정신, 단결심

1 What does the underlined those mean? Answer in English.

2 *Encourage* is related to *discourage* as *endurance* is related to _____.
① tolerance ② impatience ③ perseverance
④ patience ⑤ None of these

3 Which of the following is not included in the good purposes or sport?
① Attitude to keep the rules of games
② Self-sacrifice for one's team
③ Learning patience
④ Cultivation of a cooperative spirit
⑤ None of the above

본문해석

인간이 발명한 다른 모든 도구처럼, 운동은 좋은 목적을 위해서나 나쁜 목적을 위해서나 다 이용할 수 있다. 잘 이용되면, 운동은 인내와 용기, 정정당당한 시합 의식과 규칙의 존중, 공동의 노력과 단체의 이익에 대한 개인 이익의 순종을 가르칠 수 있다. 잘못 이용되면, 그것은 개인적 자만심과 단체적 자만심, 승리에 대한 탐욕과 경쟁자에 대한 미움, 남을 인정하지 않는 단결심과 제멋대로 선정된 특정한 울타리 밖에 있는 사람들에 대한 경멸을 조장할 수 있다.

Teach Yourself

It is~that + that + (should) + 동사원형

necessary, essential, important, natural 등의 형용사가 It is~that 구문에 사용되면 that절에는 반드시 should 또는 동사원형이 와야 한다. 지금까지 배웠던 대로 암기만 하려 하지 말고, 영·미인들의 의식 구조를 바탕으로 그 이유를 이해해 보자.

- It is necessary that you (should) go.
  위 문장을 구조 그대로 해석해 보면, "that절 이하의 행위가 필수적이다." 다시 말해서 "당신이 가는 것이 필수적이다."라는 뜻이다. 이것은 결국 "당신은 가야만 한다."는 것과 똑같은 의미이다. 결국 that절에는 '~해야 한다(의무)'라는 의미를 갖는 조동사 should가 들어가야 하는 것이다. 다음 문장을 가지고 다시 한 번 생각해 보자.

- It is natural that you (should) go.
  이 문장도 "that절 이하의 행위를 하는 것이 당연하다."라고 구조 그대로 해석해 보자. 이 말은 결국 "당신이 가는 것이 당연하다"라는 뜻이고, 다시 "당신은 가야만 한다."라는 뜻으로 해석할 수 있게 된다. 이 문장에서도 that절에는 '~해야 한다'라는 의미의 should가 들어가야만 함을 알 수 있다.

여기에서 재미있는 현상은, 위의 두 문장의 속뜻은 서로 같은데, necessary를 사용한 문장이 natural을 사용한 문장보다 그 강제성이 훨씬 더 크다는 것이다. 만일 essential을 사용하면 necessary를 사용할 때보다 그 강제성은 한결 더 커진다. 현대 영어에서는 should를 생략하고 동사원형을 사용하는 경향이 짙은데, 그렇더라도 should의 의미가 사라지지 않는다는 것을 항상 유념해야 할 것이다.

어휘연구

endurance ⓝ 지구력, 인내(= patience, tolerance) coordinated ⓐ 공동으로 작용하는(= combined) subordination ⓝ 종속, 복종 vanity ⓝ 자만심, 허영심(= conceit, pride) greedy ⓐ 탐욕스러운, 게걸스러운(= grasping, avaricious) intolerant ⓐ 도량이 좁은(= narrow minded ↔ generous) encourage ⓥ 사기를 북돋우다(= cheer up, console) contempt ⓝ 경멸, 모욕(= dishonor, disrespect, disesteem) arbitrarily ⓐ 독단적으로(= dictatorially) pale ⓝ 말뚝, 울타리, 경계(= boundary, border) either A or B A이든 또는 B이든

미국 예술의 특징

Just as there is, however, no single American ethnic or cultural group, there is also no peculiar or recognizably "American" style in the arts. There is, rather, a mixture of many styles, reflecting the reality of American society. Still, some generalization which attempt to define that which is "American" in American art are revealing. American art traditionally has been reproduced and enjoyed with a minimum of direct government support or control. In fact, one of the qualities that has lent distinction to American culture has been its inability to rely on government financial support. In order to survive and expand, museums, art galleries, symphony orchestras, chamber music societies and theaters have all had to depend on private benefactors, university endowments and ticket sales as the primary means of raising money. Without the security of government subsidies that art in other countries traditionally enjoys, American arts have always been tied to American commerce.

1 According to the passage, American government

① still has helped the development of American arts.

② has wanted to support American arts as much as possible.

③ has given little help to the development of American arts.

④ has enjoyed supporting American arts in many areas.

⑤ has forced private benefactors to support American arts.

2 Translate the underlined sentence into Korean.

3 *Endowment* is to *donation* what *peculiar* is to _____.
  ① common   ② characteristic   ③ curious
  ④ odd   ⑤ abnormal

4 이 글의 작가는 미국 예술에는 독특한 스타일이 없다고 말했지만, 은연중에 그 특징을 하나의 구(phrase)로 표현하고 있다. 그 구를 찾아 써 보시오.

본문해석

그러나 미국에 단일한 인종이나 문화 집단이 존재하지 않는 것처럼, 예술에도 독특한 또는 두드러지게 '미국적인' 양식은 없다. 오히려, 많은 양식이 혼합되어서 미국 사회의 현실을 반영한다. 지금까지도 미국 예술에서 어떤 것이 '미국적'인지를 규명하고자 하는 보편적 이론들이 발표되고 있다. 미국의 예술은 전통적으로 최소한의 직접적인 정부의 지원과 통제를 받으면서 번성해 왔고 향유되어 왔다. 사실상, 미국 문화에 독특성을 부여하는 특징들 중 하나는 정부의 재정 지원에 의존하는 능력이 없다는 것이다. 살아남고 발전하기 위해서, 박물관, 화랑, 교향악단, 실내악단 그리고 극장들은 모두 돈을 모금하기 위한 주요 수단으로서 사적인 후원자들, 대학의 기부금 및 입장권 판매에 의존해야 했다. 다른 나라들의 예술이 전통적으로 즐기고 있는 정부 보조금을 확보하지 못한 상태로 미국 예술은 언제나 미국의 상법에 얽매여 왔다.

어휘연구

ethnic ⓐ 민족 특유의, 인종의(= racial, tribal) peculiar ⓐ 독특한, 고유의(= specific, characteristic) mixture ⓝ 혼합(물)(= blend, compound) reveal ⓥ 드러나다(= disclose), 나타내다(= display, exhibit) inability ⓝ 불능, 무능(= incapability, incapacity) benefactor ⓝ 후원자, 후견인(= patron, supporter) endowment ⓝ 기부금, 헌금(= donation, fund) subsidy ⓝ 보조금(= aid, assistance) lend distinction to 특이성을 부여하다, 특징짓다 rely on 의존하다(= depend on, count on)

정답 해설 UNIT 13 예술·스포츠

89 스필버그와 쉰들러 리스트

1. ② ⇒ 본문 첫 문장의 There seems little doubt와 마지막 문장의 Schindler's List seems likely to turn the trick으로 보아 아직은 수상이 결정되지 않았다고 보아야 한다.
2. ④ ⇒ Spielberg는 filmmaker로서 이 영화를 연출한 사람이므로, '감독했다'는 것만이 답이 될 수 있다.
3. ② ⇒ 이 글에서 reap은 obtain 또는 gain의 의미로 사용되었다.

90 조깅을 좋아하는 이유는

1. but 또는 but also ⇒ not only~but also
2. ③ ⇒ 6행의 feel은 understand의 뜻으로 쓰였다. 조깅을 함으로써 몸무게는 오히려 줄었다.
3. ② ⇒ rely on ~에 의지하다, give up 양보하다, 포기하다

91 운동의 이용

1. interests ⇒ 바로 앞에 온 명사를 받는 대명사로 사용되었다.
2. ② ⇒ encourage와 discourage는 반의어이므로, endurance의 반의어를 찾는 문제이다. ①, ③, ④는 모두 endurance의 동의어들이다. A is related to B as [what] C is related to D; A의 B에 대한 관계는 C의 D에 대한 관계와 같다.
3. ⑤ ⇒ ①~④의 예는 '모두 스포츠의 좋은 목적에 속하므로 답은 ⑤가 된다. self-sacrifice 자기희생, patience 인내(= endurance), cultivation 배양

92 미국 예술의 특징

1. ③ ⇒ 본문 여섯 번째 문장의 '최소한의 정부 지원과 통제'는 곧 정부가 거의 도움을 주지 못했다는 뜻이다.
2. 본문 해석 참조 ⇒ 전체 문장의 주어는 generalizations, 동사는 are revealing이다.
3. ② ⇒ curious 호기심이 강한, abnormal 비정상적인
4. a mixture of many styles

UNIT 14

기타
Etc

Reading Test 93   날씨가 너무 빨리 따뜻해지면

Reading Test 94   치과 의사의 계략

Reading Test 95   눈 온 날 아침

Reading Test 96   무례한 신문 판매원

Reading Test 97   어머니와 오빠

Reading Test 98   3킬로미터를 뛰어야 한다면

Reading Test 99   우주가 영원하다고 믿는 이유

Reading Test 100   독자의 종류

날씨가 너무 빨리 따뜻해지면

Now the sun is shining, but that does not mean the region's weather troubles are over. In fact, if the weather gets too warm too fast, the troubles may just be beginning.

The snow is many times normal depth around the metropolitan area; the ground is deep with snow in places that are usually bare. That could be good news, because New York State is still officially in a drought watch, but the snow could lay the groundwork for flooding. Experts hope it gets warm slowly, because if all the snow melts fast people will yearn for the days when all this precipitation was still frozen.

*precipitation 강우(설), 강우(설)량

1 글의 내용으로 보아 첫 단락의 앞에는 어떤 내용의 글이 나왔겠는지 유추하여 우리 글로 설명해 보시오.

2 넷째 줄의 밑줄 친 부분을 우리 글로 해석하시오.

3 마지막 문장의 밑줄 친 부분을 우리 글로 해석하고, 그 이유를 설명하시오.

4 다음 중 drought의 반의어를 고르시오.
① scarcity ② dryness ③ moisture
④ flood ⑤ aridness

본문해석

이제 햇빛이 비치고 있지만 그것이 이 지역의 날씨 문제가 끝났음을 의미하지는 않는다. 사실상 날씨가 너무 빨리 지나치게 따뜻해지면, 문제는 비로소 시작되는 것이다.
눈은 대도시 전역에서 정상적인 깊이의 몇 배나 많이 쌓였으며, 대체로 헐벗은 지역들의 땅은 눈으로 깊이 묻혔다. 뉴욕 주는 공식적으로는 여전히 가뭄 경보 상태에 놓여 있기 때문에, 그것은 희소식일 수도 있다. 그러나 눈은 홍수의 바탕을 마련할 수도 있다. 전문가들은 날씨가 서서히 따뜻해지기를 희망하고 있다. 왜냐하면 모든 눈이 빨리 녹아 버릴 경우에 사람들은 이 강설이 모두 여전히 얼어 붙어 있던 날들을 그리워할 것이기 때문이다.

어휘연구

normal ⓐ 보통의, 일반적인(= average, usual, common, ordinary, regular) **metropolitan** ⓐ 대도시의, 수도의(= megalopolitan) **bare** ⓐ 벌거벗은(= naked, nude), 황폐한(= barren, arid) **drought** ⓝ 한발, 가뭄(= dryness ↔ flood, overflow) cf **drought watch** 가뭄 경보, 한발 경보 **yearn for** 그리워하다(= long for), 갈망하다(= desire, thirst, wish) **lay the groundwork for** ~의 바탕을 마련하다.

치과 의사의 계략

A letter came to a dentist from an angry mother. It said; "Dear Doctor, yesterday my children had some dental work done on their teeth by you. Then you gave them some candy to eat. Candy makes more holes as everyone knows. First you fill their holes, then you fill my children with candy to make more holes, to make more work for yourself. This would go on infinitely if I did not discover your trick. I will not pay you for either the work done on James and Mary, nor for the candy you gave them. And I am going to tell the whole neighborhood."

1 Why was the mother angry?

① Because the dentist made holes on the children's teeth.

② Because the dentist made a mistake in his treatment.

③ Because the dentist gave candy to the children.

④ Because the dentist was a liar.

⑤ None of the above

2 이 글에 나오는 의사의 태도를 적절히 표현할 수 있는 우리 속담을 써 보시오.

3 The underlined discover is synonymous with

① explore   ② recover   ③ find out

④ try out   ⑤ experience

본문해석

한 치과 의사에게 화난 어머니로부터 편지 한 통이 도착했다. 그 편지에는 다음과 같이 적혀 있었다. "친애하는 의사 선생님, 어제 선생님께서 우리 아이들의 치아를 치료하시고 나서, 사탕을 먹으라고 주셨더군요. 누구나 알다시피 사탕은 이에 더 많은 구멍이 생기게 합니다. 처음에는 아이들의 이에 있는 구멍을 때우고 그 다음에는 구멍이 더 생겨서 당신의 일거리가 더 많아지도록 사탕으로 아이들을 채우다니요. 내가 당신의 계략을 알아내지 못했다면, 이런 행위는 끝없이 계속되었겠지요. 나는 당신이 제임스와 메리에게 행한 치료에 대해서는 물론, 당신이 아이들에게 준 사탕에 대해서도 돈을 지불할 수 없습니다. 또, 나는 이웃 전체에 이 이야기를 할 겁니다."

Teach Yourself

주의해야 할 형용사형 II: 명사의 형용사형을 추측하기 어려운 형용사

대부분의 형용사들은 어떤 단어에 어떤 접미사가 붙어서 형용사형이 만들어지는지 유추하기가 쉽지만, 다음과 같은 단어들은 그 형용사형만을 보았을 때 어떤 명사의 형용사형인지 유추하는 것 자체가 어려우므로 암기해야 한다.

1. sun → solar, moon → lunar, island → insular
2. winter → wintry, summer → summery, spring → vernal, autumn → autumnal
3. mother → maternal(= motherly), father → paternal(= fatherly)

어휘연구

dentist ⓝ 치과의사 infinite ⓐ 무한한, 끝없는(= boundless, endless, limitless, unbounded) hole ⓝ 구멍(= slot, aperture) cf whole은 hole과 발음이 같다. discover ⓥ 발견하다, 깨닫다(= find out, notice) not either A not B A도 아니고 B도 아니다(= neither A nor B)

눈 온 날 아침

① There hadn't been any snow yet that winter.
② Then one Sunday morning, Harry and Jane woke up and looked out of the window.
③ They saw that everything was white.
④ A lot of snow had fallen during the night.
⑤ The trees, roofs, and fields were all covered with a beautiful blanket of snow.
⑥ They had two large dogs which they loved very much.
⑦ In addition, they raised a parrot and two cats.
⑧ In fact, they loved all animals.
⑨ "Let's go to the forest," suggested Harry, "and go for a long walk because the trees will look very beautiful with snow on them."

1 하나의 단락은 내용상 관련이 있는 문장들로만 어우러져야 문맥(context)이 탄탄해진다. 위의 문장들은 하나의 단락을 이루도록 차례대로 쓴 글이다. 그 중 문맥을 해치는 문장들이 있다고 생각하면, 있는 대로 그 번호를 쓰시오.

본문해석

그해 겨울에는 아직껏 눈이 내리지 않았었다. 그러던 어느 일요일 아침, 해리와 제인은 잠에서 깨어 창 밖을 내다보았다. 그들은 모든 것이 하얗게 된 것을 보았다. 밤새 많은 눈이 내렸다. 나무와 지붕과 들판이 온통 아름다운 눈의 담요로 뒤덮였다. (그들에게는 대단히 사랑하는 큰 개 두 마리가 있었다. 이 외에도 그들은 앵무새 한 마리와 고양이 두 마리를 길렀다. 사실상, 그들은 모든 동물을 사랑했다.) "숲으로 가서," 해리가 제안했다. "오랫동안 걸어 보자. 나무들이 눈을 이고 있어서 아주 아름답게 보일 테니까."

어휘연구

parrot ⓝ 앵무새 blanket ⓝ 담요, 모포(= cover, comforter) raise ⓥ 기르다, 양육하다(= breed, grow, bring up, cultivate) suggest ⓥ 제안하다, 권하다(= propose, offer) in addition 게다가, 더욱이(= furthermore, moreover, besides, additionally)

무례한 신문 판매원

For several years my newsagent has been spelling my name incorrectly. Every morning I glance hopelessly at the top righthand corner of my newspaper and wince. There is something vaguely uplifting about seeing one's own name, one's correct name written out in blue pencil at the top of a newspaper; and there is something utterly degrading about seeing one's name carelessly distorted. I have mentioned the matter to my newsagent several times, but <u>it</u> makes no difference. He is an impolite, militant, independent devil.

1 Which of the following is not true according to this passage?

① The newsagent is not a polite man.
② The writer has always complained directly to the newsagent about his own name misspelled.
③ The author feels degrading because of his own name misspelled.
④ The newsagent uses blue pencils to write the writer's name.
⑤ The newsagent doesn't want to listen to the author's complaint.

2 다음 중 서로 다른 뜻끼리 연결된 것을 하나 고르시오.

① glance – glimpse
② degrade – uplift
③ vaguely – indefinitely
④ carelessly – thoughtlessly
⑤ mention – refer to

3 6행의 밑줄 친 <u>it</u>은 무엇을 말하는지 우리말로 설명하시오.

본문해석

몇 년 동안 나의 신문 판매원은 내 이름을 부정확하게 표기하고 있다. 나는 매일 아침 내 신문의 우측 상단 구석을 희망 없이 훑어보고는 인상을 찌푸린다. 자기 자신의 이름, 즉 신문 상단에 파란색 연필로 쓰인 자신의 정확한 이름을 보는 데는 희미하게나마 기운을 북돋워 주는 무엇인가가 있다. 또한 부주의하게 왜곡된 자신의 이름을 보는 데에는 철저하게 자존심을 상하게 하는 무언가가 있다. 나는 몇 번이나 그 문제를 신문 판매원에게 말했지만, 소용이 없었다. 그는 무례하고, 호전적이며, 제멋대로인 놈이다.

Teach Yourself

each other, every other, one another의 차이점

1 each other와 one another는 '서로'의 의미를 갖는 상호 대명사이다. each other는 주로 두 사람 또는 두 개의 사물을 나타낼 때 사용되고, one another는 셋 이상을 나타낼 때 쓰인다.
- Tome and Suzy love *each other*.
- Tom and Suzy held *each other*'s hands.
- At the class reunion, many old friends greeted *one another*.

2 every other는 '하나 걸러 하나(every second one)'의 뜻으로 가산명사의 앞에 사용된다.
- Write on *every other* line.
  한 줄 걸러 한 줄씩 써라. (2, 4, 6행은 건너뛰라는 의미)
- They have met *every other* day.
  그들은 이틀에 한 번씩 만나고 있다.

어휘연구

wince ⓥ (인상을 찌푸리며) 움츠리다(= frown, scowl) distort ⓥ 비틀다(= twist), 왜곡하다(= misinterpret, misrepresent) vaguely ⓐⓓ 막연하게, 희미하게(= indefinitely, obscurely) utterly ⓐⓓ 완전히, 철저하게(= completely, throughly, absolutely) uplift ⓥ 들어 올리다(= raise), 사기를 북돋우다(= encourage, inspire) degrading ⓐ 자존심을 떨어뜨리는(= humiliating, dishonorable) militant ⓐ 호전적인, 투쟁적인(= fighting, aggressive) glance at 힐끗 보다, 훑어보다(= glimpse at, peep at)

어머니와 오빠

I made some final stitches in the buttonhole of the shirt I was sewing for the army. I was not good at buttonholes. I knew that. My stitches were hopelessly uneven but I didn't care. Oh, I didn't mind sewing for the army, but it would have been so much nicer if Mama had let me join one of the many sewing circles that had sprung up in town.

My friend Cornie belonged to one, and she said the chatter and gossip flew as fast as the ladies' needles. But of course that was what Mama was trying to keep me away from. The gossip. After the war had started and the Confederate army had its forces assembled around Richmond, many of the ladies of Richmond were making remarks about the war. And especially about my brother Lucian, who had refused to join the Confederate army. My mother always wanted not to hear the news about Lucian.

*stitch 한 바늘, 한 땀, 한 코 *Confederate army (미국 남북전쟁) 남군

1 Write down in English the reason why Mama tried to keep me away from the sewing circles.

2 7행의 밑줄 친 that은 무엇을 말하는지 본문에서 찾아 쓰시오.

3 이 글에 사용된 join의 의미로 알맞은 것을 고르시오.

① to fasten and connect ② to bring together
③ to become a member of ④ to run into
⑤ to become united

본문해석

나는 내가 군대를 위해 바느질하고 있는 셔츠의 단추 구멍에 마무리 손질을 했다. 나는 단추 구멍 만드는 데 능숙하지 못했다. 나도 그것을 알았다. 나의 바느질 솜씨는 가망 없이 불규칙했지만 나는 신경 쓰지 않았다. 나는 군대를 위해 바느질하는 것을 마다하지 않았지만, 내가 읍내에 생겨난 많은 바느질 서클 중 하나에 참가하도록 어머니께서 허락하셨다면 훨씬 더 좋았을 것이다.

내 친구 코니는 그중 한 서클에 소속되었는데, 수다와 잡담이 여자들의 바늘만큼 빨리 흘러나온다고 말했다. 그러나 물론 그것이 어머니께서 나를 서클에서 떨어져 있게 하려는 이유였다. 잡담 말이다. 전쟁이 시작되고 남군이 자기 부대들을 리치몬드 주변에 모아 놓은 후 리치몬드의 많은 여자들이 전쟁에 대하여, 특히 남군에 가담하기를 거부했던 나의 오빠 루션에 대해서 이야기했다. 나의 어머니는 항상 루션에 대한 소식을 듣지 않으려 했다.

Teach Yourself

endemic, epidemic, pandemic의 의미 차이

❶ endemic 풍토병 – 특정 지역에서만 오랜 기간 동안에 걸쳐 일어나는 병
❷ epidemic 전염병 – 짧은 기간 동안 급속도로 퍼져 나가는 병
❸ pandemic 전국(세계)적 유행병 – 전염병 중에서 보다 넓은 지역, 즉 한 국가나 전 세계로 급속도로 퍼져 나가는 병

어휘연구

sew ⓥ 꿰매다, 바느질하다(= stitch) uneven ⓐ 불규칙한, 고르지 않은(= rough, irregular, unsmooth) chatter ⓝ 수다, 지껄임(= gossip, babble) gossip ⓝ 한담, 잡담 keep away 가까이 가지 않다, 피하다 (= avoid elude) be good at ~에 능숙하다(= be skillful, be expert)

3킬로미터를 뛰어야 한다면

1. Some people would probably fall down if they had to run three kilometers; they don't have the ⓐ_____.
2. The exciting race ended in a tie when the two runners crossed the finish line ⓑ_____.
3. Films are sometimes textbooks that can be used to read the society in which they are made. This is true, in particular, of Hollywood movies, which ⓒ_____ the social atmosphere of their times.

1 다음 중 빈칸 ⓐ, ⓑ, ⓒ에 각각 알맞은 단어들로 짝지어진 것을 고르시오.

① strength － at the different time － reflect
② stamina － simultaneously － hide
③ stamina － at the different time － reflect
④ stamina － simultaneously － reflect
⑤ strength － at the different time － hide

본문해석

1. 어떤 사람들은 3킬로미터를 뛰어야 한다면 아마도 쓰러질 것이다. 그들은 체력이 없기 때문이다.
2. 그 흥미진진한 경기는 두 명의 주자들이 동시에 결승선을 넘었을 때 동점으로 끝이 났다.
3. 영화들은 때때로 그것들이 만들어진 사회를 읽기 위해 사용될 수 있는 교과서가 된다. 특히 할리우드 영화들에 관한 한 이것이 사실인데, 이 영화들은 그것들이 제작된 시대의 사회상을 반영한다.

어휘연구

stamina ⓝ 체력, 정력(= strength, energy, robustness) tie ⓝ (경기나 성적 따위의) 동점, 타이(= draw, the same grade) simultaneous ⓐ 동시의(= concurrent, coincident) atmosphere ⓝ 분위기, 환경(= surroundings, environment) fall down 쓰러지다, 무너지다(= collapse) in particular 특히(= particularly, especially)

우주가 영원하다고 믿는 이유

It is an interesting reflection on the general climate of thought before the twentieth century that no one had suggested that the universe was expanding or contracting. It was generally accepted that either the universe had existed forever in an unchanging state, or that it had been created at a finite time in the past more or less as we observe it today. In part this may have been due to people's tendency to believe in eternal truths, as well as the comfort they found in the thought that even though they may grow old and die, the universe is eternal and unchanging.

1 What do the underlined it and this mean? Explain them in Korean.

2 Choose one word in this passage, which can best replace the word climate in line 1 with regard to the context.

본문해석

어느 누구도 우주가 팽창하거나 수축하고 있다고 주장하지 않았다는 것은 20세기 이전의 일반적인 사고 경향을 흥미롭게 반영해 준다. 우주는 불면의 상태에서 영원히 존재했다든가 또는 우리가 지금 그것을 관찰하고 있는 바와 같이 대략 과거의 한정된 시간에 창조되었다고 일반적으로 받아들여지고 있었다. 이것은, 그들이 늙어서 죽는다 하더라도 우주는 영원하며 불변이라는 점에서 그들이 찾았던 위안뿐만 아니라, 부분적으로는 영원한 진리를 믿으려는 사람들의 경향 때문이었을 것이다.

어휘연구

reflection ⓝ 반사, 반영(= mirror image, echo) climate ⓝ 기후(= weather of region), 경향(= tendency, trend, mood) contract ⓥ 수축하다(= shrink, condense), 계약하다(= accept offer, agree) finite ⓐ 유한의, 제한된(= confined, limited, restricted) tendency ⓝ 경향, 풍조(= inclination, trend, mood) eternal ⓐ 영원한(= forever, endless, ceaseless, constant, permanent) comfort ⓝ 위안, 위로(= relief, relaxation) more or less 다소간, 어느 정도(= somewhat, to some extent), 대략(= approximately) due to ~하기 때문에(= because of, owing to, thanks to, on account of, through)

독자의 종류

Successful writers determine which of the three types of audiences they will be addressing and address their writing to that audience. An audience might be a general audience, a mixed audience, or a specialized audience.

A general audience consists of people who may not be ⓐ<u>experts</u> on a subject but who are willing to read the material. This is usually not the group that will ⓑ<u>mark</u> your essay. A mixed audience may consist of both specialists and general readers; again, this is not likely to be the group that will score your essay. It is the third group — a specialized audience — that will likely score the essay; they have considerable knowledge of the subject and will be looking for certain things. A savvy test taker will be aware of the concerns of the specialized audience. These concerns include correct grammar, correct spelling, logical organization, generalizations supported by specific details, and an objective tone that is not too personal or too informal.

*savvy 영리한, 재치 있는

1 Which of the following groups does score your writing?

① a general audience ② a specialized audience
③ a mixed audience ④ a savvy test taker
⑤ All of the above

2 본문의 ⓐ와 ⓑ를 각각 대신할 수 있는 단어들을 본문에서 찾아 쓰시오.

3 If you are taking part in a writing contest, which type of audience do you have to be conscious of?

4 다음 중 동의어끼리 연결되지 않은 것을 고르시오.

① determine - decide
② consist of - be composed of
③ concern - interest
④ be willing to - be pleased to
⑤ be aware of - be ignorant of

본문해석

성공한 작가들은 그들이 자신들의 글을 세 가지 형태의 청중(독자)들 중에서 어떤 청중에서 전달할 것인지를 결정한다. 어떤 청중은 일반적인 청중일 수도 있고, 혼합된 청중일 수도 있고, 전문화된 청중일 수도 있다.

일반적인 청중은 어떤 주제에 대해 전문가들은 아니라도 그 자료를 기꺼이 읽으려 하는 사람들로 구성되어 있다. 이런 청중은 대체로 당신의 글을 채점할 부류는 아니다. 혼합된 청중은 전문가들과 일반적인 독자들로 구성될 수 있으며, 당신의 글을 채점할 부류는 아닐 것 같다. 글을 채점할 것 같은 부류는 세 번째 부류, 즉 전문화된 청중이다. 그들은 그 주제에 대해 상당한 지식을 가지고 있으며 특정한 사항들을 찾아올 것이다. 재치 있는 수험자(글 쓰는 이)는 전문화된 청중의 관심사를 의식할 것이다. 이 관심사는 정확한 문법, 정확한 철자법, 논리적인 구성, 구체적인 세부사항들로 뒷받침되는 개념들, 그리고 지나치게 개인적이지도 비공식적이지도 않은 객관적 논조를 포함한다.

Teach Yourself

already와 yet의 차이

1 already는 '벌써, 이미'라는 뜻으로 주로 긍정문에 사용되고, yet은 '아직도'라는 뜻으로서 주로 부정문과 의문문에 사용된다. 또한 already는 본동사의 앞이나 조동사 및 be동사 뒤에 위치하고, yet은 보통 본동사 및 보어의 뒤에 위치한다.

- I have *already* met the president.
  나는 이미 사장을 만났다.
- I have not met the president *yet*.
  나는 아직도 사장을 못 만났다.

2 의문문에서 '놀람, 의외'라는 느낌을 주기 위해 already를 쓰기도 한다.

- Have you finished your homework *already*? 벌써 숙제를 끝냈어?
- Haven't you *already* met the owner?
  아직도 주인을 못 만났어?/벌써 주인을 만났어야 하는 거 아냐?

어휘연구

audience ⓝ 청중(= attendance, auditors, hearers) specialize ⓥ 전문화하다(= concentrate on specific area) expert ⓝ 전문가(= specialist, master) mark ⓥ 채점하다(= score) generalization ⓝ 일반화, 개념 objective ⓐ 객관적인(= impartial, impersonal) concern ⓝ 관심(사)(= interest, consideration) be willing to 기꺼이 ~하다(= be pleased to) be aware of ~을 알고 있다, 의식하다(= be conscious of)

Reading Test 정답해설 UNIT 14 기타

93 날씨가 너무 빨리 따뜻해지면

1. 눈이 너무 많이 내려서 여러 가지 날씨와 관련된 문제를 야기했다는 내용 ⇒ 본문 전체가 눈과 관련된 내용인데, 첫 문장은 '이제 햇빛이 비치고 있지만 날씨 문제가 끝난 것은 아니다'라는 내용임을 참조한다.
2. 본문 해석 참조
3. 본문 해석 참조 ⇒ 홍수가 나는 것보다는 차라리 눈이 녹지 않고 있는 것이 더 낫기 때문이다.
4. ④ ⇒ drought 가뭄, flood 홍수, moisture 습기, scarcity 부족, aridness 황폐

94 치과 의사의 계략

1. ③ ⇒ 치과 의사는 사탕을 주었을 뿐, 직접 치아에 구멍을 만든 적은 없으므로 ①은 문제의 답이 될 수 없다.
2. 병 주고 약 준다. ⇒ 아이들에게 사탕을 주어서 이가 썩게 한 후, 그 썩은 이를 치료하려 하는 의사의 태도에 주의한다.
3. ③ ⇒ explore 탐험하다, recover 회복하다, try out 실행하다

95 눈 온 날 아침

1. ⑥, ⑦, ⑧ ⇒ 단락의 통일성(unity)을 이해하는지를 시험하는 문제이다. 눈이 내린 날 아침의 이야기에 동물들에 관한 이야기가 삽입되면 문맥, 즉 단락의 통일성이 깨질 뿐이다.

96 무례한 신문 판매원

1. ② ⇒ 본문 6~7행에 의하면 몇 번 불평하기는 했지만, always는 언급되지 않았다.
2. ② ⇒ 어휘 연구 참조
3. 내가 신문 판매원에게 그 문제를 몇 번 말한 것. ⇒ 여기서 it은 앞 문장 전체를 받는 대명사로 사용되었다.

97 어머니와 오빠

1. Because she always wanted not to hear the news about my brother, Lucian.
2. gossip ⇒ 밑줄 친 that이 chatter and gossip을 받았으면, that was가 아니라 those were로 써야 한다. 작가는 that이 gossip만을 받았음을 알려 주기 위해 that was~ 문장 뒤에 The gossip을 다시 한 번 써서 혼동을 막으려 했다.
3. ③ ⇒ 선택지 ①은 '묶다'의 의미

98 3킬로미터를 뛰어야 한다면

1. ④ ⇒ 본문 해석 참조

99 우주가 영원하다고 믿는 이유

1. it: 우주(the universe), this: 앞 문장 전체(본문 해석 참조)
2. tendency

100 독자의 종류

1. ② ⇒ 세 번째 부류
2. ⓐ specialists, ⓑ score
3. specialized audience ⇒ 본문 10번 째 줄 A savvy test taker will be aware of the specialized audience에서 답을 알 수 있다.
4. ⑤ ⇒ be ignorant of ~을 모르다